LA LEGALITÀ

LA LEGALITÀ

Rodolfo Venditti

Edizione 2020

Rodolfo Venditti è nato a Ivrea nel 1925. È stato magistrato dal 1950 al 1993. Parallelamente al lavoro di giudice ha coltivato lo studio del diritto penale, specializzandosi in *Diritto penale militare,* materia di cui è stato docente nella Facoltà di Giurisprudenza dell'Università di Torino. Ha studiato con particolare interesse la tematica dell'obiezione di coscienza al servizio militare e in tale campo si è impegnato per anni con gli obiettori in servizio civile e con i movimenti per la pace. Appassionato cultore della musica classica, si è adoperato - con scritti, conferenze musicali, presentazione di concerti - a diffondere, specialmente tra i giovani, il gusto per quella musica e a scoprire i messaggi di umanità, di nonviolenza, di pace contenuti nelle composizioni dei grandi musicisti. Tra le sue pubblicazioni più significative: *Il diritto penale militare nel sistema penale italiano,* Giuffrè, Milano 1992; *L'obiezione di coscienza al servizio militare,* Giuffrè, Milano 1994; *Piccola guida alla grande musica,* 10 voll., Sonda, Casale Monferrato (AL) 1990-2013; *Giustizia come servizio all'uomo,* edizione lulu.com, 2017.

In copertina: "*La Scuola di Atene*" di RAFFAELLO SANZIO, databile tra il 1509 e il 1511, situato nella Stanza della Segnatura, una delle quattro "Stanze Vaticane" poste all'interno dei Palazzi Apostolici.
Ho scelto per la copertina un particolare di questo celeberrimo affresco di Raffaello perché la dialettica tra Platone e Aristotele inevitabilmente mi richiama alla mente il continuo, delicato e cruciale confronto tra l'ideale della legalità e la sua concreta incarnazione nel mondo moderno, tematica che fa da sfondo all'intero scritto di mio padre. [Alberto Venditti]

Prima pubblicazione: 1998, come parte del volume dal titolo *Legge e libertà. I giovani, la legalità, la giustizia,* edito dalla Fondazione Italiana per il Volontariato (Roma) per la collana *Gioventù domanda.*

ISBN 978-0-244-88303-4

Indice

Introduzione

È accaduto di nuovo. Esattamente come nel 2017, quando avevo riscoperto "*Giustizia come servizio all'uomo*" e avevo deciso di ripubblicarlo, in questi giorni mi sono imbattuto nella rilettura di un testo scritto da mio padre più di vent'anni fa, trovandolo ancora estremamente valido e attuale.

Questa volta si tratta di un testo, primariamente indirizzato ai giovani, che parla della legalità: la definisce con chiarezza e in dettaglio, la distingue dai concetti di giustizia e di legittimità, la inquadra nell'ordinamento italiano, la mette a confronto con diverse realtà in cui essa, la legalità, è messa alla prova, calpestata o esaltata.

Si tratta di un viaggio tra i valori che regolano l'operato di una singola persona e ma che stanno anche alla base della civile convivenza; valori che hanno ispirato princìpi giuridici fondamentali per lo Stato, come la separazione dei poteri, e che hanno fatto da impalcatura alla stesura delle leggi e della "legge delle leggi", la Costituzione italiana.

Rileggere questo testo sulla legalità ha costituito per me un proficuo "ripasso" di nozioni importanti, che dovrebbero essere alla base della "educazione civica" di ciascun cittadino di questo pianeta.

Riacquisire questi concetti dalle parole di mio padre, sempre chiare, puntuali ed equilibrate, attraverso le quali passa, preciso, il suo pensiero, è poi qualcosa di speciale, più di un dono. Ed è con gratitudine verso il mio papà, quasi 95-enne, che oggi mi adopero per condividere con altri questo dono, ripubblicando questo testo.

Queste pagine vengono riproposte senza modifiche rispetto alla versione originale del 1998. Il lettore sia conscio del fatto che ogni riferimento ad avvenimenti di attualità o a stili di vita e scuole di pensiero va ovviamente «letto» riportandolo al contesto dei tardi anni Novanta del secolo scorso.

Torino, 19 aprile 2020   ALBERTO VENDITTI

Capitolo I
Senso e importanza della legalità

1. Un'immagine eloquente e significativa

C'è un'immagine che esprime con plastica evidenza il senso e il valore della legge: l'immagine di un incrocio stradale che abbia il semaforo guasto e sia privo di vigili che regolino il traffico. In una situazione del genere non funziona la normale regola dell'alternanza perché nessuno dà indicazioni circa i turni che le varie correnti di traffico devono osservare per impegnare l'incrocio secondo ritmi che assicurino una regolare circolazione alternata. La semplice segnaletica orizzontale risulta insufficiente, specialmente se l'incrocio è molto trafficato.

Allora ognuno cerca di spingersi avanti e di guadagnare un metro, nell'illusione di riuscire a superare l'incrocio: ma l'ingorgo cresce rapidamente e diventa inestricabile. Quel metro guadagnato si rivela una trappola che si chiude inesorabilmente e blocca tutto; nel giro di pochi minuti è la paralisi totale. Tutti si mettono, allora, a suonare il clacson, nell'illusione che ciò serva a qualcosa: ma ciò non fa altro che aumentare il caos.

È un'esperienza che tutti abbiamo fatto o a cui tutti abbiamo assistito: come guidatori d'auto o di motocicletta o di motorino, oppure come trasportati, oppure come ciclisti, oppure anche soltanto come pedoni di passaggio. E la diretta esperienza rende l'immagine particolarmente viva e convincente.

Che cosa ci dice quell'immagine? Ci dice che vivere in società comporta l'esigenza di osservare alcune fondamentali regole di convivenza: la regola pone un limite alla libertà («in questo momento tu non puoi attraversare l'incrocio perché tocca agli altri»), ma al tempo stesso garantisce a ciascuno il suo spazio di libertà e di movimento («ora tocca a te, e gli altri devono restare fermi»).

La mia libertà finisce dove comincia la libertà degli altri; e la libertà degli altri finisce dove comincia la mia libertà. Questa espressione rende bene l'idea, ma presenta un limite: quello di "spazializzare" la libertà, in un certo senso materializzandola e quindi impoverendola. L'esigenza di una visione più completa suggerisce di spostare la prospettiva e di dire che la mia libertà cresce e si sviluppa (oppure viene mortificata e compressa) in forza della coesistenza con la libertà degli altri. Porre l'accento sulla co-esistenza delle libertà evidenzia la reciproca influenza che le libertà esercitano, creando un certo tipo di ambiente (responsabile o irresponsabile, tollerante o intollerante, formativo o de-formativo) che, a sua volta, incide sulla concezione e sul concreto esercizio della libertà da parte del singolo, in un complesso gioco di interazioni. Si potrebbe dire, allora, che la mia libertà comincia dove comincia la libertà degli altri: proposizione che è più pregnante e significativa della prima, anche se sembra (ma solo apparentemente) capovolgerla.

La sostanza del discorso è poi questa: se io esercito la mia libertà senza rispettare la libertà degli altri, *distruggo la mia stessa libertà* poiché vengo a trovarmi in una trappola dalla quale non riesco più ad uscire; e, al tempo stesso, contribuisco a creare un ambiente chiuso e intollerante in cui la libertà sia concepita come priva di limiti, cioè in senso egoistico e antisociale, e quindi deteriore. Se invece io esercito la mia libertà rispettando la libertà degli altri, garantisco alla mia libertà le condizioni per realizzarsi e per crescere, e, al tempo stesso, contribuisco alla costruzione di un ambiente aperto e tollerante in cui la libertà di ciascuno conviva armoniosamente con la libertà di tutti.

Cicerone ebbe ad esprimere questa verità con una frase latina davvero lapidaria (il latino ha una straordinaria forza di sintesi): *Servi legum sumus ut liberi esse possimus.* Ciò significa: «Siamo servi della legge (cioè os-*serviamo* la legge) per poter essere liberi». L'esistenza di una legge e l'osservanza di essa non significano dunque oppressione e schiavitù, bensì significano garanzia di libertà, cioè garanzia di "spazi" entro i quali ciascuno abbia la possibilità di crescere, di operare, di realizzarsi, senza impedimenti e senza interferenze altrui.

Nei primi mesi del 1997 l'Albania ci ha offerto, purtroppo, la riprova sperimentale della profonda verità di queste affermazioni. Uno Stato si è dissolto sotto i nostri occhi: caduta ogni autorità, disintegratasi l'organizzazione statuale, all'impero della legge si è sostituito l'arbitrio dei singoli. Saccheggi, devastazioni, anarchia hanno caratterizzato per mesi la vita di quel povero popolo. Più nessuna autorità aveva la possibilità di usare la forza per imporre ordine e legalità; le armi, depredate alle caserme, erano in mano di chiunque;

tutti sparavano contro tutti; la paura dominava dovunque. Città e paesi erano invivibili; scuole, commerci, attività lavorative erano paralizzate; la gente praticava, di sua iniziativa, il coprifuoco per non esporsi ad aggressioni e non essere coinvolta in scontri a fuoco; e chi poteva fuggiva, traversando l'Adriatico e raggiungendo l'Italia.

È il classico *Homo homini lupus* («Uomo lupo all'uomo»): espressione coniata da Plauto e ripresa da Hobbes per indicare un'umanità ferina, dominata dalla cosiddetta «legge della giungla», che è assenza di ogni regola di convivenza autenticamente "umana" ed è brutale affermazione della violenza e della sopraffazione.

2. La essenziale socialità della persona

Ma - ci si potrebbe domandare - che bisogno c'è di quei complicati meccanismi di rapporti? Non basterebbe eliminare la società (e quindi le leggi), semplificando ogni cosa? Non potrebbero, ogni uomo e ogni donna, vivere ciascuno per conto loro, evitando la dimensione sociale e le complicazioni che essa comporta?

No. La persona umana - uomo o donna che sia - è strutturata in modo da avere essenziale bisogno di vivere in società con gli altri. Il rapporto con l'altro è indispensabile per prendere piena coscienza di sé, per confrontarsi, per crescere come persona[1]. Ogni persona è un valore unico e irripetibile; è un essere insostituibile nella sua unicità, perché la sua personalità ha caratteristiche del tutto originali. Gli uomini sulla terra sono miliardi, ma nessuno di essi è uguale a un altro. Non sono fatti in serie; come non c'è fisionomia umana che sia uguale all'altra,

---

[1] Per esprimere quella realtà Umberto Eco ha usato una bellissima immagine: «Come anche ci insegnano le più laiche tra le scienze umane, è l'altro, è il suo sguardo, che ci definisce. Noi (così come non riusciamo a vivere senza mangiare e senza dormire) non riusciamo a capire chi siamo senza lo sguardo e la risposta dell'altro» (U. ECO, *Cinque scritti morali*, Bompiani, Milano, 1997, pag.85).

Questa immagine mi richiama alla mente la suggestiva teoria del "volto dell'Altro", con la quale il grande filosofo contemporaneo Emmanuel Lévinas (nato in Lituania, ebreo, naturalizzato francese, morto nel 1995 dopo aver sperimentato in gioventù l'orrore dei campi di concentramento nazisti) enunciò la sua concezione dei rapporti sociali, della centralità della persona, della essenziale influenza che gli altri hanno sulla strutturazione e sulla maturazione dell'Io (E. LEVINAS, *Il tempo e l'Altro*, Il Melangolo, Genova, 1993; ID., *Umanesimo dell'altro uomo*, Il Melangolo, Genova, 1985; ID., *La traccia dell'altro*, Libreria Tullio Pironti, Napoli, 1979).

così non c'è personalità che sia uguale all'altra. Ciò che ognuno di noi, con le sue doti personalissime di intelligenza, di volontà, di affettività, può fare nel mondo, nella fetta di storia umana che coincide con la sua vita, non può farlo nessun altro.

E che il rapporto con gli altri (cioè la dimensione della socialità) sia essenziale alla struttura dell'uomo, è confermato dalle dinamiche psicologiche che caratterizzano il cucciolo d'uomo, il bambino. Il rapporto con i genitori, e specialmente con la madre, è essenziale per il bambino ed esige una durata nel tempo che è enormemente superiore alle esigenze di qualsiasi altra specie animale: nel rapporto con la madre il bambino trova un punto di riferimento stabile, impara a scoprire gradualmente la propria alterità e la propria identità, si percepisce come un essere diverso dalla madre, si percepisce come destinatario di amore e in ciò trova la radice della autostima e della costruzione della propria identità. Un bambino che abbia sofferto di carenze affettive nella prima infanzia resta psicologicamente segnato per tutta la vita. Ho fatto per molti anni il giudice minorile ed ho avuto modo di constatare direttamente quali devastazioni rechi alla personalità del bambino la deprivazione degli affetti familiari che egli abbia a soffrire nei primi anni di vita: la personalità non si struttura normalmente, resta segnata da quella esperienza negativa e potrà superarne gli effetti solo attraverso un lungo lavoro di strutturazione psicologica condotto in un clima di intensa e costante gratificazione affettiva.

D'altronde abbiamo tutti fatto esperienza di quanto ci ha giovato e ci ha aiutato a crescere umanamente il rapporto con la nostra famiglia, con i nostri amici ed amiche, con le innumerevoli persone che abbiamo incontrato finora nella nostra vita. Proprio la unicità e irripetibilità di ogni persona mette a nostra disposizione una ricchezza umana immensa e inesauribile, della quale non potremmo fare a meno se non danneggiando gravemente la nostra crescita umana. In un certo senso, il nostro "io" non può fare a meno del "noi": lo ha interiorizzato, facendolo proprio.

La dimensione sociale è, dunque, per l'essere umano, essenziale. Vivere senza quella dimensione è in contrasto con la sua struttura psicofisica. La condizione di Robinson Crusoé, cioè la condizione dell'uomo isolato, che vive da solo su un'isola deserta, è una condizione "patologica": l'uomo potrà affrontarla e sopravvivere, grazie alla sua intelligenza e intraprendenza; ma sarà pur sempre una condizione innaturale che lo priverà degli essenziali fattori di crescita umana derivanti dall'interscambio (a livello psicologico e spirituale come a livello materiale) con gli altri uomini[2].

Ho detto "interscambio", e sottolineo questa parola: perché la essenziale socialità della persona non nasce soltanto dalla necessità individuale di perfezionarsi attraverso la collaborazione degli altri, bensì esprime la intrinseca attitudine della persona a darsi, a donarsi, a collaborare essa stessa con altri, adempiendo in tal modo a un'esigenza strutturale della realtà umana. "Identità" e "alterità" si richiamano l'un l'altra in una interazione che è fecondissima. E ciò non soltanto *sul piano personale*, ma anche *sul piano dei rapporti tra etnie*: cultura e tradizioni diverse sono una grande ricchezza per tutti, quando sono vissute non con arroganza, competitività e spirito di sopraffazione, bensì nel rispetto e nella stima reciproca.

Io sono appassionato di musica e mi vien naturale usare questo paragone: la meravigliosa realtà della musica è resa possibile dal fatto che esiste una pluralità di note, ciascuna delle quali ha una sua specifica e inconfondibile individualità; se esistesse una sola nota, non esisterebbe musica. La bellezza di una melodia deriva dal fatto che più note diverse si succedono l'una all'altra secondo un disegno che colpisce e coinvolge l'ascoltatore; e il fascino di una armonia deriva dal fatto che più note diverse, suonate contemporaneamente, si combinano insieme, dando vita ad un "tutto" che trascende e supera ciascuna di esse, ma a cui ciascuna di esse dà un contributo personale e insostituibile.

Dunque, la diversità è ricchezza: nell'armonia della diversità ciascuno dona agli altri qualcosa di suo e riceve dagli altri qualcosa che egli non ha. La socialità della persona è un fattore essenziale di crescita umana; e una società che funzioni in modo che ciascuno si integri con gli altri realizza un'armoniosa convivenza in cui la persona trova il terreno ideale per diventare pienamente se stessa.

La legge è, o dovrebbe essere, il mezzo per garantire quella convivenza. E proprio nella realtà musicale trovo, ancora una volta, un'immagine eloquente. L'armonia di una musica suonata da

---

[2] L'accenno all'isola mi ricorda un'altra splendida immagine, questa volta del grande poeta inglese John Donne: «Nessun uomo è un'isola, in sé completa: ognuno è un pezzo di un continente, come parte di un tutto». L'immagine venne ripresa in un famoso libro di Thomas Merton, che si intitola appunto *Nessun uomo è un'isola* (Garzanti, Milano, 1957).

un'orchestra nasce dall'obbedienza di ogni orchestrale alle regole imposte dal ritmo e dalla partitura, nonché dall'osservanza delle indicazioni con cui il direttore d'orchestra coordina i vari strumenti attraverso prove molteplici e accurate. Il fatto che ciascuno strumento possa dare il meglio di sé e contribuire ad una piena riuscita del concerto dipende dal rispetto di quelle regole: se i singoli strumenti non rispetteranno le regole e suoneranno ciascuno per conto proprio, avverrà un disastro nel quale farà naufragio non soltanto l'orchestra nel suo insieme, ma anche ogni singolo strumento.

3. Le due nozioni di "diritto"

Per lungo tempo parlare di "legge" e di "legalità" ha significato, in sostanza, parlare di "diritto". Ma in proposito bisogna fare due precisazioni.

Prima precisazione. Quando noi pronunciamo la parola "diritto" possiamo usarla in due significati diversi. Il primo è un significato oggettivo, che designa un complesso di norme oggettive, cioè di regole poste da una autorità, che di solito è lo Stato (come quando diciamo: «Il diritto stabilisce questo...»; «Il diritto italiano è diverso dal diritto francese...»). Il secondo è un significato soggettivo, che indica la titolarità di interessi o di poteri - i Romani parlavano di *facultas agendi*, cioè di "facoltà di agire" - attribuiti a un soggetto dalle norme oggettive (come quando diciamo: «Io ho il diritto di fare così»; «Tu non hai quel diritto»; «I nostri diritti sono stati violati»; «Il mio diritto di proprietà mi consente di...»).

Le regole di cui è formato il diritto oggettivo vengono chiamate "norme giuridiche". Le norme giuridiche hanno la particolarità di essere *coattive*, cioè munite di sanzione attuabile con la forza: questo vuol dire che, nel caso in cui le norme non vengano spontaneamente osservate, lo Stato potrà ottenerne l'osservanza mediante l'uso della forza. Ad esempio: se una norma giuridica penale mi vieta un determinato comportamento (per esempio: rubare) e, ciò nonostante, io pongo in essere quel comportamento e rubo, la mia inosservanza della norma comporterà l'applicazione di una pena e la restituzione della roba rubata; con tale sanzione lo Stato intende punirmi per la violazione della norma e farmi capire che la norma stessa non dovrà più essere violata in futuro. Così pure, se io ho stipulato un contratto con un'altra persona e vìolo la norma giuridica civile che riguarda l'adempimento dei contratti, la persona che è stata danneggiata dal mio inadempimento potrà chiedere ai competenti organi dello Stato che io sia condannato ad adempiere con la forza e a risarcire il danno che ho provocato alla persona danneggiata.

In ciò la norma giuridica si differenzia da altri tipi di norma che non hanno il carattere della coattività. Per esempio, non ha il carattere della coattività la norma morale: a differenza di quanto accade per la norma giuridica, la violazione di una norma morale non è seguita immediatamente dallo scattare di una sanzione esteriore, imposta con la forza. Ciò non significa che la norma morale sia priva di sanzione: ma la sanzione è puramente interiore (il cosiddetto rimorso, cioè il disagio del non sentirsi in pace con se stesso; per il credente, il disagio di non sentirsi in pace con Dio per aver disobbedito alla sua legge di amore verso il prossimo), e quindi non si può parlare propriamente di coattività.

Altre norme non coattive sono le norme meramente sociali: per esempio, la regola per cui, in occasione del compleanno o dell'onomastico di un parente o di un amico, si è soliti fare un regalo; oppure le norme del galateo (comportarsi educatamente nei rapporti sociali; ringraziare per una cortesia o per un regalo ricevuto; evitare, a tavola e in genere nei rapporti con gli altri, comportamenti disgustosi; e così via). La violazione di tali norme potrà dare adito a critiche e a riprovazione da parte del gruppo sociale a cui il soggetto appartiene. Ma simili forme di sanzione non hanno le caratteristiche che connotano la sanzione giuridica: quest'ultima, infatti, è esterna ed è istituzionalizzata (cioè è regolata da norme fisse e precise la cui esecuzione è affidata ad organi istituzionali a ciò espressamente designati)[3].

La seconda precisazione riguarda il concetto di "diritto soggettivo". Il diritto soggettivo venne originariamente concepito come creazione esclusiva della legge (nella quale esso trovava il suo imprescindibile presupposto), ma andò poi, via via, distaccandosi dalla legge e rivendicando una propria autonoma consistenza rispetto ad essa.

---

[3] N. BOBBIO, *Teoria della norma giuridica*, Giappichelli, Torino, 1958, pagina 197 e seguenti.

Si trattò di un lento processo di autonomizzazione del "diritto soggettivo" rispetto al "diritto oggettivo": il traguardo di arrivo di questo processo consistette nel riconoscimento che al di sopra della legge ordinaria esistono norme supreme, fondamentali, a cui la legge ordinaria è subordinata.

La "legge" veniva, in tal modo, detronizzata dalla sua posizione di onnipotenza: il "legislatore" prendeva atto che esisteva qualcosa di superiore a sé. L'ordinamento giuridico si scopriva non più onnipotente e urtava contro alcuni limiti che non gli consentivano di agire a proprio arbitrio.

4. Attenzione, dunque: lo Stato non è tutto

La sostanza di quella scoperta fu questa: esistono dei diritti soggettivi che sono anteriori all'ordinamento giuridico e che quindi l'ordinamento giuridico non può dare e togliere a suo piacimento. Sono diritti che ogni persona umana ha *in quanto persona umana* e che lo Stato deve limitarsi a riconoscere e garantire: si chiamano «diritti fondamentali dell'uomo» o «diritti umani», e nei loro confronti esiste oggi, a cominciare dalla *Dichiarazione universale dei diritti dell'uomo*, una vasta normativa internazionale che richiama i singoli Stati al rispetto dei diritti umani (ma di ciò parleremo specificamente nel paragrafo 59).

Norberto Bobbio ha messo in evidenza il "consenso generale" che si è formato nel nostro secolo circa la validità del sistema di valori che va sotto il nome di «diritti umani»[4]. Quel consenso generale, verificatosi attraverso l'adesione a documenti internazionali approvati dalla stragrande maggioranza degli Stati del pianeta, è un fatto molto importante, anche se sono ancora parecchi gli Stati che, dopo aver sottoscritto i predetti documenti internazionali, non rispettano, nella pratica quotidiana, i diritti umani.

Nel quadro di questo progressivo emergere dei diritti umani, l'art.2 della Costituzione italiana afferma che «la Repubblica riconosce e garantisce i *diritti inviolabili dell'uomo*, sia come singolo sia nelle formazioni sociali ove si svolge la sua personalità...».

---

[4] N. BOBBIO, *Il problema della guerra e le vie della pace*, Il Mulino, Bologna, 1979, pag.132.

Ciò significa che lo Stato e il suo ordinamento giuridico non sono degli "Assoluti" che possono fare "alto e basso" in ordine ai diritti della persona: lo Stato ha limiti strutturali e quei limiti scaturiscono dal valore che ogni persona umana ha di per sé, indipendentemente dall'esistenza o meno dello Stato. Ciò ribadisce l'immensa dignità che deriva all'uomo (cioè a ciascuno di noi) dal semplice fatto di essere persona, unica e irripetibile. E traccia il limite sostanziale a cui soggiace la realtà "Stato", la quale adempie la propria funzione solo se rispetta quel limite. Ne risalta evidente, allora, l'enormità dello slogan «Tutto per lo Stato, niente al di fuori dello Stato, nulla contro lo Stato», che il fascismo aveva coniato per esprimere ed imporre agli italiani la sua concezione totalitaria dello Stato. E ne risalta, per contro, la correttezza di uno Stato democratico che riconosca quel limite e che, riconoscendolo, si autolimiti fissando precisi confini alla propria attività legislativa ed impegnandosi a non oltrepassare quei confini.

La realtà del difficile equilibrio tra Stato e persona venne espressa per molto tempo ricorrendo al concetto di «diritto naturale», ossia all'idea di un diritto che scaturisce dalla natura stessa dell'uomo e che è logicamente e cronologicamente anteriore a qualsiasi ordinamento giuridico e a qualsiasi Stato. In tale quadro si distingueva tra «diritto naturale» (*jus naturale*) e «diritto positivo» (*jus positum*, cioè diritto *posto* dallo Stato).

Oggi, tuttavia, si preferisce parlare di «diritti umani» perché il concetto di «diritto naturale» è parso troppo vago ed incerto, nonché tendente ad avallare una visione piuttosto "fissista" della realtà umana, la quale è, invece, una realtà dinamica: spesso, infatti, accadde che si ritenessero rientrare nella "natura" situazioni che erano legate soltanto al contesto culturale di una determinata epoca (come, ad esempio, il considerare «diritto naturale» la discriminazione tra i sessi, sol perché per secoli la donna ebbe una posizione sociale di inferiorità rispetto all'uomo). La visione dell'uomo e della donna (cioè della persona umana) è in perenne movimento, poiché i progressi delle scienze fisiche, biologiche e psicologiche allargano e approfondiscono continuamente la conoscenza e la comprensione che l'uomo ha di se stesso.

Inoltre, tra i giusnaturalisti vi era disparità di vedute circa il ritenere naturale o no una certa situazione o una certa tendenza; e, pur posto un generale consenso sulla "naturalità" di una determinata tendenza, sussisteva un dissenso circa il carattere positivo o negativo della tendenza stessa, dato che non si può dedurre un giudizio di valore da un giudizio di fatto[5].

5. Legalità e giustizia

Ciò che ho detto or ora ci fa capire che "legalità" non è sinonimo di "giustizia". Una legge che, ad esempio, violi i diritti umani è una legge ingiusta. La legalità non incorpora necessariamente la giustizia. Una legge può essere giusta, ma può anche, purtroppo, essere ingiusta. E ciò avviene non soltanto nelle società rette da sistemi dittatoriali, nei quali la legge è fatta dall'arbitrio del dittatore, ma anche nelle società che si reggono su principi democratici.

Il metodo democratico è, certo, il metodo più consono ad una società di persone, poiché si fonda sul dialogo, sull'ascolto reciproco, sul formarsi di maggioranze e minoranze, su un confronto di idee che privilegia la ragione e che bandisce la violenza e la sopraffazione. Tuttavia, anche una legge democratica può essere ingiusta: e non solo quando viola i fondamentali diritti di libertà della persona, ma anche quando tratta in modo diverso cittadini che si trovano in uguale situazione, o stabilisce privilegi a favore di talune categorie in danno di altre.

Il fatto che una legge sia votata da una maggioranza democraticamente costituita non comporta automaticamente che la legge sia giusta. Legalità e giustizia *dovrebbero* coincidere ma, nella realtà, non coincidono necessariamente.

Ecco, allora, aprirsi una divaricazione tra legalità e giustizia, tra *essere* e *dover essere*. Alla stregua di tale divaricazione, ogni norma, di per sé valida ed efficace in quanto rispondente al requisito della legalità, può essere sottoposta ad una valutazione di rispondenza o meno alle esigenze di giustizia.

È chiaro che qui ho usato il termine "giustizia" non nel senso di «amministrazione della giustizia» (cioè di apparato giudiziario, predisposto per l'applicazione della legge attraverso il processo penale o il processo civile), bensì nel senso di valore sommo, espressione di

---

[5] N. BOBBIO, *Teoria della norma giuridica*, citato nella nota 3, pag.52.

principi supremi di civile convivenza. Della «amministrazione della giustizia» parleremo più avanti, nei paragrafi 17 e seguenti.

6. Legalità e legittimità

Un'altra distinzione importante è quella tra "legalità" e "legittimità". A prima vista i due termini sembrerebbero sinonimi: entrambi hanno la stessa radice (derivano da "legge") ed entrambi paiono significare «conformità alla legge». Ma in realtà i due termini non sono sovrapponibili, e il sovrapporli - è stato detto - non spiega nulla: anzi, il farli coincidere conduce al "punto morto" di una pura e semplice tautologia[6].

Infatti, se è vero che "legalità" è la qualificazione di atti e comportamenti che sono conformi alla legge esistente, non altrettanto può dirsi per il concetto di "legittimità". Esso è un concetto più penetrante: scava alle radici della legge per individuare il *titolo* che giustifica la legge e l'intero ordinamento giuridico di cui la legge è espressione tipica; cioè va alla ricerca del fondamento stesso del potere, per trovare quel *quid* che giustifica l'autorità dello Stato, rendendo giusta e legittima tale autorità. Ecco, dunque, che "legittimità" ha un significato più ampio e penetrante di "legalità".

È ben vero che il termine "legittimità" è stato originariamente usato soltanto in funzione di controllo e di contenimento dell'attività amministrativa, cioè in funzione dell'evitare che il potere esecutivo (vale a dire il governo e la pubblica amministrazione) operasse in contrasto con la legge, prevaricando sul potere legislativo e violando in tal modo il principio della distinzione dei poteri (principio di cui parleremo tra poco nel paragrafo 17). Ma questo circoscritto significato di "legittimità" si è ben presto allargato ad indicare la validità stessa dell'ordinamento giuridico globalmente considerato, cioè i principi di fondo da cui lo Stato trae la propria legittimazione, la propria autorità, la propria sovranità. Ha investito, dunque, il potere legislativo stesso, risalendo alla matrice di quel potere e individuando regole ulteriori

---

[6] G. LOMBARDI, *Legalità e legittimità*, in «Novissimo Digesto Italiano», Utet, Torino, IX, 1965, pagg.577 e segg. Vedasi anche A. PASSERIN D'ENTREVES, *Legalità e legittimità*, in *Studi in onore di E. Crosa*, Giuffrè, Milano, 1960, pagg.1305-1319.

dalla cui osservanza dipende la "legittimità" dell'esercizio di quel potere e la "legittimità" della legge che scaturisce da quell'esercizio.

In sostanza, la legittimità è il rapporto tra esercizio del potere e consenso. Oggi, a differenza che nel Medioevo e nell'epoca degli Stati assoluti, il consenso scaturisce dalla volontà popolare, e - come bene ha osservato Lorenza Carlassare[7] - il rapporto tra consenso popolare ed esercizio del potere deve essere costante: non basta che sia originario, cioè che il consenso legittimi il potere nel suo momento iniziale; occorre che tale consenso accompagni il potere in tutto il corso del suo esercizio: soltanto in questa dimensione dinamica, che la Costituzione prevede e regola, si realizza pienamente un ordinamento democratico.

Ecco allora riaffiorare il concetto di *Costituzione*, al quale abbiamo già fatto riferimento.

7. C'è legge e legge

Ed ecco emergere, conseguentemente, la figura dello "Stato costituzionale", il cui concetto esprime una grossa novità nella storia del diritto.

Nello Stato liberale tradizionale il primato della legge era assoluto, tanto da potersi parlare di "Stato legislativo" (e quando la tradizione giuridica parlava di "Stato di diritto" intendeva riferirsi, appunto, allo "Stato legislativo"): si trattava di una grande conquista di civiltà, poiché sanciva l'autorità indiscussa delle regole di convivenza poste dallo Stato; ma aveva il limite di essere espressione di una concezione positivista che risolveva tutto nel diritto positivo (la legge ordinaria, posta dallo Stato) e che non ammetteva nessuna istanza giuridica che fosse superiore alla legge ordinaria.

Nel corso dell'Ottocento venne, invece, affermandosi un tipo di Stato in cui la legge ordinaria veniva posta in questione e veniva messa in rapporto di conformità (o non conformità) con una legge più alta, denominata "legge costituzionale".

Su questo passaggio da un tipo a un altro di Stato ha riflettuto recentemente e ha detto cose molto interessanti Gustavo Zagrebelsky, il quale ravvisa in quel passaggio una profonda trasformazione, un vero e

---

[7] L. CARLASSARE, Voce «Legalità (principio di)», in *Enciclopedia giuridica Treccani*, Roma, vol.XVIII, 1990 (libro a schede e quindi senza numerazione di pagine).

proprio "mutamento genetico", perché, per la prima volta nella storia, la legge è stata messa in rapporto di conformità, e quindi subordinata, «ad uno strato più alto di diritto, stabilito dalla Costituzione»[8] ed esprimente alcuni principi fondamentali di convivenza.

In Italia vige, appunto, il modello dello Stato costituzionale. Le leggi ordinarie devono essere valutate in rapporto alle norme contenute nella Costituzione repubblicana. Le norme costituzionali sono leggi anch'esse: ma sono «le leggi delle leggi», cioè sono "sovraordinate" ad ogni altra legge ed occupano un posto di assoluta preminenza nell'ordinamento giuridico. Esse costituiscono il parametro alla cui stregua viene valutata la carica di giustizia che ogni legge ordinaria incorpora (o non incorpora) in se stessa.

Infatti, la Costituzione repubblicana, entrata in vigore il primo gennaio 1948, è di tipo rigido, mentre lo Statuto albertino del 1848 era di tipo flessibile. I cento anni che intercorrono tra lo Statuto albertino e la Costituzione repubblicana segnano una svolta radicale, un radicale passaggio tra due mondi giuridici diversi. Lo Statuto concesso dal re Carlo Alberto nel 1848 era frutto di una concessione del sovrano (in termini tecnici si dice "ottriata"), mentre la Costituzione del 1948 fu elaborata da una Assemblea costituente eletta dal popolo italiano con suffragio universale (in termini tecnici si dice "costituzione votata"). Inoltre, lo Statuto albertino era "flessibile", cioè poteva essere modificato, in meglio o in peggio, con una semplice legge ordinaria (e quindi non poteva costituire un sicuro e fermo parametro di riferimento), mentre la Costituzione repubblicana è "rigida", cioè può essere modificata dal Parlamento non con una legge ordinaria ma soltanto con un procedimento di revisione costituzionale, le cui modalità sono previste dall'art.138 della Costituzione stessa. E attraverso lo stesso procedimento dovrà passare qualsiasi legge che aspiri al rango di «legge costituzionale».

Ne consegue che si profila una vera e propria "gerarchia" nella importanza delle norme giuridiche emanate dallo Stato. Al primo e più alto posto di tale gerarchia sta la legge costituzionale (cioè la Costituzione emanata a suo tempo dall'Assemblea costituente e le altre leggi costituzionali emanate a norma del predetto art.138 e aventi lo

---

[8] G. ZAGREBELSKY, *Il diritto mite. Legge, diritti, giustizia*, Einaudi, Torino, 1992, pag.39.

stesso rango della Costituzione); al secondo posto sta la legge ordinaria (cioè la legge emanata dal Parlamento secondo le procedure ordinarie o l'atto avente forza di legge, come quello emanato dal governo in sede di decretazione d'urgenza o in sede di decretazione delegata); al terzo posto stanno i regolamenti; al quarto posto stanno le circolari e gli altri atti amministrativi.

Ogni norma appartenente alla categoria di rango inferiore non deve essere in contrasto con le norme appartenenti alla categoria di rango superiore. In particolare, la legge ordinaria deve rispettare la legge costituzionale, la quale si ispira (pur con i limiti di ogni realtà umana) al valore "giustizia", che comprende molteplici valori di fondamentale rilevanza sociale (eguaglianza dei cittadini di fronte alla legge, tutela delle minoranze, eguale libertà delle confessioni religiose, inviolabilità delle libertà fondamentali, tutela della salute ecc.).

8. La Costituzione: una legge che *si muove*

Pertanto, il controllo di costituzionalità sulle leggi, cioè la verifica se una legge ordinaria sia o meno conforme alla Costituzione, si risolve in uno strumento per valutare la giustizia della legge ordinaria stessa e per rimuovere l'eventuale ingiustizia. Quel controllo è esercitato da un organo che si chiama *Corte costituzionale* e che, qualora ritenga che una legge ordinaria sia in contrasto con una norma costituzionale, ne dichiara la illegittimità costituzionale: in conseguenza di tale dichiarazione la legge cessa di aver efficacia, cioè viene, in sostanza, cancellata dall'ordinamento giuridico.

La Corte costituzionale cominciò a funzionare nel 1956. Ricordo che quando essa emise la sua prima sentenza (la sentenza 14 giugno 1956 n.1, con la quale la Corte cancellava alcune norme, relitti del regime fascista) un grande giurista democratico dell'epoca, Piero Calamandrei, scrisse un articolo intitolato *La Costituzione si è mossa*[9]. Verissimo: la Costituzione, attraverso la decisione della Corte costituzionale, aveva manifestato la sua vitalità e la sua forza d'urto nei confronti delle leggi ordinarie ingiuste. Si era "mossa" e aveva spazzato via una legge anomala, non rispettosa dei principi costituzionali ed espressione di un regime dittatoriale.

---

[9] P. CALAMANDREI, *La Costituzione si è mossa*, in "La Stampa" di Torino, 16 giugno 1956, pag.1.

Dunque, la Costituzione è una legge viva ed operante nel corpo dell'ordinamento giuridico dello Stato italiano. Essa è presidio delle esigenze di giustizia che il cittadino esprime nei confronti dell'ordinamento giuridico.

Non vorrei dar l'impressione di complicare le cose: ma mi sembra doveroso precisare che, alla stregua di quanto sin qui detto, sia lecito distinguere tra una legalità costituzionale e una legalità ordinaria. La legalità ordinaria promana dalla legge ordinaria (e dagli atti aventi forza di legge ordinaria) e consiste nella conformità di un atto o di un comportamento a tale legge; ma questo tipo di legalità deve confrontarsi con la legalità costituzionale, la quale incorpora più intensamente valori generali di giustizia e quindi costituisce un metro indispensabile per valutare la giustizia o meno della legge ordinaria.

Un esempio. Un fondamentale principio di giustizia sancito dalla Costituzione italiana è l'eguaglianza di tutti i cittadini di fronte alla legge: «Tutti i cittadini hanno pari dignità sociale e sono eguali di fronte alla legge, senza distinzione di sesso, di razza, di lingua, di religione, di opinioni politiche, di condizioni personali e sociali» (art. 3, 1° comma). Tutte le volte che una legge ordinaria, riguardante qualsiasi materia, prevede una diseguaglianza di trattamento giuridico nei confronti dei cittadini, violando quella norma costituzionale (per esempio, escludendo la donna dall'accesso a taluni impieghi per il solo fatto di essere cittadino di sesso femminile) si espone al rischio di essere dichiarata incostituzionale e quindi di perdere ogni efficacia. Osservare quella legge è "legalità": ma una legalità che in tal caso non corrisponde alla legalità costituzionale e che vien meno non appena quella legge venga dichiarata incostituzionale.

Oggi la questione di legittimità costituzionale di una norma ordinaria può essere sollevata soltanto da un giudice nel corso di un processo (o, in casi particolari, dalle Regioni). Ma si è andata diffondendo la convinzione circa l'opportunità di attribuire anche ad ogni cittadino la possibilità di sollevare tale questione e di provocare quindi un giudizio davanti alla Corte costituzionale[10]; e in tal senso (cioè nel senso del cosiddetto accesso diretto alla giustizia costituzionale) si muovono alcune proposte di riforma istituzionale.

---

[10] Cfr. U. SPAGNOLI, *I problemi della Corte. Appunti di giustizia costituzionale*, Giappichelli, Torino, 1996, pagg. 101-109

9. Nascita emblematica di una Costituzione

Come è noto, la Costituzione italiana venne elaborata - dopo la Seconda guerra mondiale e dopo la liberazione dell'Italia dal nazifascismo - da una Assemblea Costituente eletta a suffragio universale dal popolo italiano il 2 giugno 1946.

Compito di quella Assemblea era gettare le basi di un nuovo Stato: cioè enunciare i principi fondamentali a cui lo Stato italiano si sarebbe ispirato, progettare le strutture portanti di quello Stato, individuarne gli organi essenziali ed i rapporti fra di essi.

L'Assemblea rispecchiava le varie componenti della società italiana. In particolare, rispecchiava tre principali filoni culturali e politici: il primo di essi si richiamava alla tradizione liberale, il secondo si ispirava al pensiero socialista e marxista, il terzo si rifaceva alla visione cristiana della vita e alla dottrina sociale della Chiesa cattolica. Gli esponenti di tali filoni avevano idee diverse sullo Stato da costruire, ma si erano trovati uniti nel rifiutare lo Stato totalitario fascista: su questo denominatore comune era necessario lavorare per trovare una concreta convergenza su alcuni aspetti essenziali del progetto di Stato da approntare.

Si aprì un dialogo molto intenso tra quelle tre componenti culturali: un dialogo che non fu privo di tensioni e di asprezze, ma che, alla luce di quel denominatore comune e della memoria di ciò che gli italiani avevano sofferto e sperato nel corso della guerra, seppe individuare alcuni punti fondamentali su cui far leva per trovare un accordo costruttivo. Il dialogo durò un anno e mezzo e approdò alla emanazione della *Costituzione repubblicana*, entrata in vigore il primo gennaio 1948.

La Costituzione venne considerata come una delle migliori del mondo e ogni cittadino italiano dovrebbe conoscerla a fondo e farla propria come "carta fondamentale" dei propri diritti e dei propri doveri.

Essa è frutto di un momento irripetibile: quello in cui, crollato un vecchio mondo e un vecchio regime, l'Assemblea Costituente si trovò a costruire dal nulla uno Stato secondo un nuovo modello. In quel momento, proprio perché irripetibile, le varie forze politiche riuscirono a trovare la strada di una concordia costruttiva: ne nacque un vero e proprio "patto sociale" alla cui osservanza tutte si impegnarono. E anche se ben presto sorsero tra le varie forze politiche divergenze e scontri che portarono al formarsi di maggioranze e minoranze, nella sua sostanza il "patto sociale" tenne e costituì un costante punto di riferimento per tutti.

10. Il diritto "mite"

Questo accenno all'origine della nostra Costituzione è utile per far capire come il carattere essenziale di uno Stato costituzionale sia oggi la "mitezza": intendendo per "mitezza" il pluralismo dei valori e dei principi, il rispetto costante di tale pluralismo, la ricerca continua del dialogo e del leale confronto tra le varie componenti della società e tra i vari valori da cui esse sono ispirate.

Può sembrare strano parlare di mitezza in tempi come questi, caratterizzati dalla esaltazione della violenza a tutti i livelli (da quello del terrorismo a quello della mafia, da quello dei numerosi conflitti che insanguinano tante parti del mondo a quello dei rapporti tra Nord e Sud del pianeta, da quello delle violenze sui minori a quello delle violenze propinate dal mondo dello spettacolo ecc.). Eppure la mitezza è un valore più che mai attuale e indispensabile: e scaturisce dalla realtà stessa delle cose.

Infatti la realtà si è fatta sempre più complessa, sempre più ricca di ambivalenze e di contraddizioni. È stato detto giustamente che il carattere del tempo in cui viviamo si può descrivere come «l'aspirazione non a uno ma a tanti principi o valori formativi della convivenza collettiva: la libertà della società ma anche le riforme sociali; l'uguaglianza di fronte alla legge (e quindi la generalità di trattamento giuridico) ma anche l'uguaglianza rispetto alle situazioni (e quindi la specificazione delle regole giuridiche); il riconoscimento dei diritti degli individui, ma anche di quelli della società; la valorizzazione delle energie materiali e spirituali degli individui, ma anche la protezione dei beni collettivi dalla loro forza distruttrice; il rigore nell'applicazione della legge ma anche la pietà nei confronti delle sue conseguenze più rigide; la responsabilità individuale nella costruzione della propria esistenza ma anche l'intervento collettivo a sostegno dei più deboli ecc.»[11]
.

---

[11] G. ZAGREBELSKY, *Il diritto mite*, cit., pag.13 (le parentesi sono state inserite da me per rendere più chiaro il discorso a chi non abbia familiarità con i ragionamenti giuridici).

Il senso del pluralismo sta proprio qui: nel mediare tra esigenze diverse e talora contrapposte, dando ad ogni "valore" lo spazio che si merita, contemperando le varie esigenze con un paziente lavoro, rifiutando di assolutizzare un "valore" a danno di altri "valori". Invero assolutizzare un "valore" significherebbe rendere impossibile la sua convivenza con altri valori difformi o addirittura antitetici: significherebbe quindi far violenza agli altri valori, precludendone una armoniosa convivenza.

Per esemplificare ulteriormente cito alcuni valori contrapposti: la tutela delle libertà individuali da un lato e la tutela della collettività contro azioni delittuose dall'altro; il diritto di sciopero da un lato e le esigenze della produzione o, più in generale, le elementari esigenze della collettività (trasporti, sanità ecc.) dall'altro; la libertà dell'imprenditore nell'organizzare il lavoro da un lato e la sicurezza dei lavoratori (precauzioni igieniche, antinfortunistiche ecc.) sul luogo di lavoro dall'altro; la libertà di manifestazione del pensiero e di espressione artistica da un lato e, dall'altro lato, la tutela della persona contro l'ingiuria e la diffamazione nonché la tutela della collettività contro le offese al buon costume; e così via.

Non dimentichiamo che gli Stati totalitari sono nati proprio dalla assolutizzazione di taluni valori (come la libertà del singolo o, per contro, le esigenze del collettivo) e la negazione di altri valori: un esempio eloquente ci è offerto dagli eventi verificatisi nel 1989 nell'Est europeo, dove l'anelito di interi popoli alla libertà fece cadere regimi totalitari di stampo marxista che avevano assolutizzato i valori del sociale e del collettivo a danno dei valori della persona e dei suoi diritti individuali di libertà.

E non è senza significato che proprio in questi ultimi anni il discorso sulla "mitezza" abbia occupato uno spazio importante nella saggistica e che, in tale quadro, Norberto Bobbio sia tornato a soffermarsi con ampiezza sull'argomento (di cui già si era occupato nel 1983)[12], ed abbia suscitato un interessante dibattito su "mitezza" e "nonviolenza"[13].

---

[12] N. BOBBIO, *Elogio della mitezza e altri scritti morali*, Edizioni Linea d'ombra, Milano, 1994.
[13] Vedasi il dibattito tra Norberto Bobbio e Giuliano Pontara, riportato nelle pagg.33-51 del libro citato nella nota precedente.

Le considerazioni ora svolte rendono chiaro che il concetto di "mitezza del diritto" non ha nulla a che vedere con la debolezza nell'applicazione della legge. Diritto mite non vuol dire diritto debole. Anzi, uno Stato è tanto più fedele al proprio compito quanto più fermamente esige l'osservanza della legge e applica la legge stessa con prontezza ed efficacia.

L'autorevolezza dello Stato[14] nasce proprio dalla serietà e dalla costanza con cui esso applica la legge. Una legge impunemente disapplicata (per inefficienza degli organi dello Stato o per il ripetersi di amnistie e condoni o per l'eccessivo ricorso a sconti di pena o a disposizioni premiali) scredita lo Stato e incrementa le violazioni della legge[15].

11. Una straordinaria interazione: Stato e società civile

Ho detto che la Costituzione è una legge che "si muove". Devo aggiungere che, in un certo senso e sotto un altro profilo, tutto il diritto è in movimento. L'ordinamento giuridico dello Stato è equiparabile ad un cantiere in perenne attività. Le leggi hanno il compito di stabilire le regole della società civile che vive sul territorio dello Stato: ma le esigenze, il modo di pensare, i tipi di rapporti, la complessità di quella società civile sono in continuo movimento. Il mondo cammina, le tecnologie si sviluppano, la circolazione delle idee cresce, l'interconnessione tra i popoli aumenta: e il diritto deve affrontare problemi nuovi, dettare regole nuove di cui prima non si sentiva l'esigenza.

Tra società e ordinamento giuridico, tra costume e diritto c'è una stretta e reciproca interazione. La società influisce sul diritto, poiché l'evolversi dei problemi e il mutare del costume pongono l'esigenza di modificare le regole esistenti. E, per altro verso, il diritto influisce sulla società poiché, attraverso le norme giuridiche, indica dei modelli di comportamento a cui la società è chiamata ad adeguarsi.

Un esempio. Fino al 1975 il diritto di famiglia italiano (cioè il complesso delle norme che in Italia riguarda la famiglia, i rapporti tra i

---

[14] L'autorevolezza non ha nulla a che vedere con l'autoritarismo. Uno Stato autorevole (cioè serio e credibile) non ha nulla a che vedere con lo Stato autoritario (cioè con lo Stato non democratico, che toglie spazi di libertà ai cittadini).

[15] Su questo aspetto possono vedersi, più ampiamente, i paragrafi da 53 a 55.

coniugi, i rapporti tra genitori e figli ecc.) si ispirava ad un modello patriarcale e maschilista, che, sin dai tempi del diritto romano, aveva dominato per secoli nella società italiana: in base a tale modello, il marito-padre era capo assoluto e incontrastato della famiglia, aveva l'autorità maritale sulla moglie, era titolare esclusivo della potestà sui figli (detta, appunto, "patria potestà"), amministrava a suo esclusivo criterio i beni della famiglia, decideva egli stesso sul luogo di residenza ecc. Si trattava di un modello di tipo monarchico, che l'evoluzione dei tempi aveva scalzato ma che tuttavia continuava a vivere nella legge e ad influire sul costume, offrendo l'avallo giuridico a chi fosse ancora fermo agli schemi dei secoli passati e intendesse usarli a proprio vantaggio nell'ambito della società familiare.

Quindi, da un lato l'evoluzione del costume premeva nel senso di una modifica del modello legale di famiglia; dall'altro lato la persistenza, nella legge, del vecchio modello contribuiva a frenare la riforma. Per buona fortuna prevalse la spinta innovativa e il nuovo diritto di famiglia rivoluzionò il modello tradizionale, introducendo nella vita familiare un "governo" diarchico, che abolì la figura del capofamiglia, mise sullo stesso piano il marito e la moglie, sostituì alla "patria potestà" la "potestà genitoriale" esercitata congiuntamente da entrambi i genitori, introdusse molte altre norme innovative che qui non abbiamo la possibilità di esaminare.

Ma ricordiamo che la legge può agire sul costume non soltanto in senso frenante, ma altresì - e soprattutto - in senso stimolante. Sempre per mantenermi all'interno dell'esempio del diritto di famiglia, potrei ricordare la forte carica innovativa contenuta nell'art.29 della Costituzione, il cui secondo comma stabilisce che «il matrimonio è ordinato sull'eguaglianza morale e giuridica dei coniugi, con i limiti stabiliti dalla legge a garanzia dell'unità familiare». Questo principio, affermato in modo così netto e perentorio, ha costituito una indicazione-guida non soltanto per il legislatore, ma altresì per il costume, poiché ha contribuito a stimolare l'evoluzione del costume stesso verso un modello di vita familiare che la legge ordinaria - inizialmente arroccata su uno schema arcaico - ha poi assunto come proprio nel nuovo diritto di famiglia.

Ho citato questo esempio solo per spiegare come vi sia una profonda interazione tra legge e società. Il discorso si potrebbe estendere ad innumerevoli altri settori della vita sociale (si pensi soltanto alla materia del cosiddetto "delitto d'onore", residuo di una mentalità primitiva, spazzata via dalla legge 5 agosto 1981 n.442; oppure alla materia della violenza sessuale, in cui una recente legge - la legge 15 febbraio 1996 n.66 - ha posto in primo piano l'offesa alla dignità della persona e alla libertà individuale anziché l'offesa alla moralità pubblica e al buon costume; e così via).

Si delinea, così, il ruolo che la società civile, nelle sue varie articolazioni (le "formazioni sociali" di cui parla l'art.2 della Costituzione) svolge nella vita dello Stato. E lo Stato, nel suo ordinamento giuridico e nelle sue istituzioni, è tanto più vivo ed efficiente quanto più lascia spazio e presta attenzione all'esprimersi della società civile.

Altrettanto avviene riguardo alla regolamentazione giuridica di comportamenti che ieri non erano configurabili e neppur pensabili, e che oggi gli sviluppi della scienza e della tecnica hanno portato alla ribalta, ponendo l'esigenza di una loro disciplina legislativa. Si pensi ai reati in materia informatica (la cosiddetta "pirateria" informatica), ai problemi posti dalla cosiddetta ingegneria genetica, ai problemi derivanti dall'utilizzazione dell'etere e delle sue frequenze limitate, a quelli riguardanti l'espianto e il trapianto di organi ecc. Anche in ordine a tali problemi l'ordinamento giuridico dello Stato è un cantiere in perenne attività e deve prestare attenzione alle voci che gli giungono dai vari settori della società civile.

12. Tre importanti e stimolanti verità

Ed allora emergono queste tre constatazioni, che a me paiono tre importanti verità:
1. la costruzione del diritto è una delle più rilevanti conquiste dell'umanità; è una delle espressioni più significative della civiltà dell'uomo, il quale si dà delle regole e rende possibile una ordinata convivenza sociale;
2. il diritto è un prodotto che non è mai finito e che continuamente si perfeziona e si migliora (o, quanto meno, *dovrebbe* perfezionarsi e migliorarsi);
3. l'evoluzione del diritto è l'espressione dell'impegno dell'uomo a migliorare la società in cui vive e a stabilire delle regole sempre più adeguate ad una vita soddisfacente per tutti.

Queste affermazioni ci dicono che il diritto non è soltanto la creazione di un legislatore onnipotente che detta, una volta per tutte, alcune regole definitive ed immutabili. È, invece, una creazione complessa che coinvolge tutti i cittadini perché riguarda anzitutto il costume, la pratica di vita, il quotidiano atteggiamento di ciascuno di fronte alle scelte da fare e alle regole da osservare. Dunque, è una creazione alla quale ciascuno di noi partecipa, anche se non ne ha esplicita consapevolezza. La costruzione del diritto è un lavoro collettivo, "di popolo", a cui ciascuno di noi reca un contributo personale: piccolo, ma essenziale.

Prendere coscienza di ciò è entusiasmante. Ci fa sentire costruttori di civiltà, con-costruttori di una "casa comune". E con-costruttori a vari livelli: il livello nazionale, il livello europeo, il livello planetario dell'intera famiglia umana.

13. La madre e la *nurse*

C'è dunque, rispetto alla legge, una vera e propria creatività da parte di ciascun cittadino (come c'è anche - ma vi accenneremo più avanti - una creatività da parte del giudice).

A questo punto, però, sorge spontanea una domanda: come è possibile essere creativi all'interno di un gesto ripetitivo come l'osservanza delle norme?

È una domanda che si è posto Gino Mazzoli[16], il quale ha dato una risposta ricorrendo ad una metafora: quella della differenza tra la madre e la *nurse*.

Nel rapporto col bambino, e quindi nel ripetere ogni giorno i gesti con cui ha cura di lui, la madre esercita una funzione strutturante e delimitante, ma - osserva Mazzoli - lascia anche largo spazio all'espressione e all'incontro fra le due diverse soggettività. Si tratta di uno spazio fatto di incertezze e di impacci, aperto alla possibilità dell'errore (quante ansie e timori hanno due giovani genitori, specialmente se di primo pelo, di fronte a quell'esserino fragile e indifeso che si trovano a gestire!): è il tempo della conoscenza, dove la specificità e l'intimità del bambino vengono riconosciute e rispettate;

---

[16] G. MAZZOLI, *Giovani e regole: un difficile incontro*, in «Note di Pastorale giovanile», Torino-Leumann, 1993, fasc.n.1, pag.24.

ma proprio le esitazioni e le incertezze esprimono le trepidazioni di un amore donato nonostante l'inesperienza e intensamente personalizzato.

La *nurse* di un ospedale infantile si trova, invece, in una posizione ben diversa: è una posizione professionale, che comporta l'incarico di gestire molti bambini contemporaneamente. Qui la natura del rapporto coi bambini fa sì che esso sia prevalentemente concentrato sulla funzione di delimitazione e di contenimento: l'incarico istituzionale impone alla *nurse* di rispettare i ritmi dell'istituzione e di esercitare nel modo più preciso possibile la sua professionalità. La *nurse* cercherà pertanto di non mettere in gioco la propria soggettività, di trattare tutti i bambini allo stesso modo, di essere efficiente al massimo grado e quindi di evitare incertezze ed errori.

Ecco dunque due tipi diversi di ripetizione del gesto quotidiano. E la diversità dipende dal "come" la ripetizione avviene. C'è una ripetizione indifferenziata, distaccata, fredda; e c'è una ripetizione che coinvolge la soggettività, che personalizza il rapporto, che trasmette un messaggio.

Certo, il modello *nurse* è più diffuso, non solo perché è meno ansiogeno, ma anche per una necessità inscritta nei rapporti sociali. Tuttavia - conclude Mazzoli - una educazione alla legalità che risponda alle sfide del nostro tempo deve far crescere la consapevolezza che, nella nostra esperienza del rapporto con le regole, c'è un'oscillazione costitutiva tra i due atteggiamenti della madre e della *nurse* e che pertanto non si tratta di negare l'uno a favore dell'altro, bensì di curare la qualità dell'interazione tra i due.

In tema di creatività del cittadino nei riguardi dell'ordinamento giuridico, aggiungerei che tra le fonti della norma giuridica ci sono anche i cosiddetti usi, cioè la consuetudine. La consuetudine consiste nella generale, costante ed uniforme ripetizione di un determinato comportamento, compiuta dalla generalità dei cittadini con la convinzione di obbedire ad un obbligo giuridico (si pensi a certi usi praticati localmente da lunghissimo tempo in materia di contratti; o all'uso di considerare come normale scadenza di un contratto agrario il giorno di San Martino; e così via). Il Codice civile fa frequente richiamo agli usi, mentre la loro rilevanza non può operare nell'ambito del diritto penale. Si tratta di una fonte di diritto molto secondaria, che non può mai operare contro la legge. Ma il fatto che essa sia prevista sottolinea il valore di taluni comportamenti collettivi ed evidenzia una volta di più il contributo che i singoli cittadini possono portare alla vita del diritto.

14. Il diritto è una dimensione essenziale dell'esperienza umana

D'altra parte, il diritto è una dimensione essenziale dell'esperienza umana. Noi non ce ne rendiamo conto, ma tutta la nostra vita è intessuta di diritto e si svolge secondo regole che sono codificate dal diritto.

Quando compriamo il giornale presso un'edicola stipuliamo un contratto di compravendita che è regolato dal Codice civile; quando saliamo su un tram o su un autobus e obliteriamo il biglietto stipuliamo un contratto di trasporto che è regolato dal Codice civile; quando paghiamo il premio per l'assicurazione della nostra auto diamo adempimento ad un contratto di assicurazione contro i danni; quando chiediamo a un medico di farci una determinata visita specialistica stipuliamo un contratto di lavoro intellettuale in base al quale il medico mette a nostra disposizione la sua preparazione ed esperienza e noi ci impegnamo a pagargli una retribuzione per la sua prestazione professionale; quando guidiamo un'automobile tenendo la destra, obbediamo ad una prescrizione del Codice della strada (se fossimo in Inghilterra dovremmo tenere la sinistra perché in tal senso dispongono le norme inglesi sulla circolazione stradale)... E così via.

Tutti i momenti della nostra vita sono regolati da norme giuridiche. Quando nasce un bimbo, i genitori hanno l'obbligo di denunciarne la nascita nei modi indicati dalla legge: l'Ufficio di Stato civile del Comune redigerà un atto di nascita su cui risulteranno giuridicamente documentati nome, cognome, data di nascita e luogo di nascita del bambino. Senza quell'atto di nascita il bimbo non risulterebbe nato: sarebbe, giuridicamente, un anonimo "nessuno".

Quando due persone si sposano viene redatto un atto di matrimonio. Quell'atto documenterà che il matrimonio è realmente avvenuto, che si è formata una nuova famiglia e che i figli che eventualmente nasceranno faranno parte di quella famiglia. Se quell'atto non ci fosse, le due persone non risulterebbero sposate: sarebbero come due persone che non hanno voluto assumere impegni di fronte alla società e di fronte alla legge e che intendono vivere al di fuori delle norme regolanti il matrimonio, senza avere né diritti né doveri reciproci; e i loro figli non potrebbero essere automaticamente considerati figli di quella coppia, come avviene, invece, per una coppia che abbia contratto matrimonio secondo la legge, assumendosi pubblicamente le responsabilità della vita coniugale e familiare.

Quando una persona muore, viene redatto il suo atto di morte. Quell'atto ha grande importanza giuridica perché costituisce il presupposto per l'apertura della successione, cioè perché gli eredi del defunto possano succedere al defunto stesso nella proprietà dei beni di cui egli era proprietario.

L'elenco di esempi potrebbe continuare all'infinito. Ma mi sembra già chiaro che la vita di ciascuno di noi, guardata in trasparenza, rivela in filigrana un tessuto di norme che la regolano. Una illecita intrusione? Una arbitraria forzatura? Una prevaricazione rispetto alle esigenze di privatezza e di intimità?

No. Semplicemente una logica conseguenza del fatto che l'uomo è un essere sociale e che il vivere in società comporta l'esistenza di regole.

Non per nulla Dante definì il diritto come *hominis ad hominem proportio, quae servata hominum societatem servat, corrupta corrumpit* («rapporto di uomo a uomo: rapporto che, se rispettato, conserva l'umana società, se non rispettato, la corrompe e distrugge»)[17]. Come a dire: l'uomo, per vivere da uomo, deve proporzionarsi agli altri uomini; il diritto è l'insieme delle regole di quel rapporto; se quelle regole vengono rispettate, tutto funziona bene; se quelle regole vengono calpestate, vien distrutta la società e quindi la possibilità stessa di vivere da uomini.

15. Le quattro generazioni dei diritti

La definizione di Dante riguarda il diritto oggettivo, cioè il complesso di norme giuridiche che regolano la vita di una collettività. Torniamo un attimo al diritto soggettivo, cioè al diritto inteso come titolarità di interessi o di poteri riconosciuti dalla legge.

---

[17] Dante, *Monarchia*, libro II, par.5. La frase che ho citato, incisiva e carica di forti significati moderni, è inserita in un trattato sulla monarchia che a noi suona, invece, fortemente anacronistico, sia per il suo oggetto sia per le argomentazioni addotte, che risentono di un contesto culturale tipicamente medioevale.

In proposito la storia dell'umanità ha via via scoperto e fatto emergere quattro categorie di diritti. E siccome quelle quattro categorie si sono delineate progressivamente, nel corso di una evoluzione durata secoli (e acceleratasi negli ultimi decenni), si parla di "quattro generazioni". Tra i diritti esistono dunque nonni e nipotini: non nel senso che gli uni siano più importanti degli altri, bensì nel senso che alcuni sono nati prima e altri sono nati dopo.

La prima generazione è quella dei diritti di libertà: si tratta delle libertà fondamentali dell'uomo, da quella di manifestazione del pensiero a quella di stampa, di associazione, di culto, di locomozione, di voto ecc.

La seconda generazione è quella dei diritti riguardanti il mondo del lavoro: la libertà di associazione e di azione sindacale, il diritto di sciopero, il diritto ad una giusta retribuzione, la tutela della donna lavoratrice, la tutela del lavoro minorile ecc.

La terza generazione è quella dei diritti cosiddetti sociali: il diritto all'istruzione, il diritto alla salute, il diritto a formarsi una famiglia, il diritto alla tutela della maternità ecc.

La quarta generazione annovera alcuni diritti emersi recentemente: il diritto alla conservazione dell'ambiente, il diritto alle obiezioni di coscienza, il diritto allo sviluppo, il diritto alla pace (cioè alla instaurazione di un ordine internazionale in cui i diritti umani siano pienamente realizzati).

Il succedersi di queste generazioni allarga gradualmente gli orizzonti: dall'individuo alle varie formazioni sociali in cui esso vive e opera, dalle formazioni sociali all'intera famiglia umana.

16. Il fine della legalità

Ed allora, concludendo questo primo capitolo, soffermiamoci un momento sul fine della legalità. L'immagine da cui siamo partiti (quella dell'incrocio privo di semaforo e di vigili che regolino il traffico) dice eloquentemente che l'esistenza di regole di convivenza e l'osservanza di tali regole costituiscono il presupposto indispensabile affinché ciascuno possa realizzarsi pienamente nella sua area di libertà. La legalità opera, dunque, nell'interesse di tutti, cioè per il bene di ogni cittadino. La condizione prima di qualunque organizzazione che voglia funzionare è che sia alto il tasso di rispetto della legalità[18].

Il bene di ogni cittadino, coordinato e armonizzato con il bene di tutti gli altri cittadini, viene generalmente chiamato "bene comune": che è cosa diversa dal "bene della collettività", perché intende indicare non il bene di una entità sovraindividuale (la collettività) prescindendo dal bene dei singoli cittadini, bensì proprio il bene di tutti i singoli cittadini. Una comunità di persone che viva e funzioni secondo regole ispirate a razionalità e a giustizia realizza effettivamente, e prima di tutto, il "bene" di ciascun membro della comunità stessa, sia perché garantisce la libertà del singolo, evitando la "collisione distruttiva dei diritti"[19], sia perché si dà cura di promuovere le condizioni in cui tutti i singoli membri possano vivere una vita umanamente dignitosa. Da ciò deriva, ma di riflesso, il bene dell'intera collettività.

Non ignoro che l'espressione "bene comune" è oggetto di critica, specialmente da parte di una corrente di pensiero che fa capo a Luhmann e che viene denominata "illuminismo debole"[20]. Ma la uso ugualmente perché mi pare che essa abbia tuttora validità. "Bene comune" equivale a "etica pubblica" (e vedremo nei successivi capitoli quanto sia necessario oggi rivalutare l'etica pubblica): designa un "bene" riconducibile a "valori" che sono ampiamente condivisi e che si identificano con le "quattro generazioni" dei diritti fondamentali e inviolabili dell'uomo, cioè con un patrimonio di acquisizioni che sono recepite da una vasta normativa internazionale (cfr., più avanti, il paragrafo 59) e che sono (o dovrebbero essere) tutelate con grande impegno da ogni Stato della Terra.

Qui si innesta il concetto di "politica". La parola ha una etimologia greca molto significativa: in greco *polis* è la "città", intesa come comunità di persone che vivono insieme su un determinato territorio. *Politiké* è ciò che riguarda la *polis*; l'aggettivo *politiké* designa

---

[18] G. CONSO, *Magistrati senza politica?*, in AA.VV., *Ripensare la giustizia. una proposta sullo Stato di diritto*, Documenti liberal, Roma, 1997, pag.74.
[19] L'espressione è usata da G. ZAGREBELSKY, *Il diritto mite*, cit., pag.115, richiamando l'art.4 della *Dichiarazione dei diritti dell'uomo* del 1789. Questo autore è, peraltro, critico rispetto alla nozione di "bene comune"(ivi, pag.112), per motivi che qui non è possibile approfondire.
[20] Vedasi in proposito, recentemente, I. COLOZZI, *Cittadinanza e società postmoderna. È ancora attuale l'idea di bene comune?*, in «Aggiornamenti sociali», Milano, 1995, pagg.7 e segg.

pertanto ciò che riguarda la vita della città, e viene abitualmente usato in coppia col sostantivo *téchne*, che significa "arte". *Politiké* è, dunque, l'«arte di governare la città», l'arte di stabilire regole razionali di convivenza e di promuovere il bene comune dei cittadini.

Per tale motivo la politica ha occupato grande spazio nell'opera dei filosofi: già Platone e Aristotele le dedicarono ampie riflessioni; i filosofi cristiani, da Agostino d'Ippona a Tommaso d'Aquino, ne trattarono con molto impegno, nell'ottica della loro visione cristiana di stampo medioevale; Machiavelli ne iniziò il processo di laicizzazione, che andò sviluppandosi nel pensiero politico di grandi filosofi, da Hobbes a Locke, da Kant a Hegel, e di grandi sociologi, come Max Weber; anche la riflessione cristiana dell'età moderna e contemporanea mantenne a fuoco l'argomento, conducendo un discorso di etica sociale che vide impegnati nomi illustri (da Jacques Maritain a Emmanuel Mounier) nonché interventi autorevoli sia della chiesa cattolica (dalle encicliche sociali alla Costituzione *Gaudium et spes* del Concilio Vaticano II), sia delle chiese evangeliche.

Se la politica è l'arte di promuovere il bene comune, è evidente che si tratta di una attività importante e nobilissima e che è ingiusta la diffusa opinione di considerarla aprioristicamente come "cosa sporca". Ma è evidente altresì che il politico (cioè colui che si dedica alla politica) deve proporsi come fine essenziale il conseguimento del bene comune e quindi deve subordinare i propri interessi personali e gli interessi del suo partito al bene comune, cioè all'interesse della comunità civile e dei singoli cittadini. In altre parole, scegliere di dedicarsi alla politica significa scegliere di servire il bene della *polis*. Significa, in definitiva, operare con spirito di servizio.

Ciò comporta, da un lato, la ricerca e l'emanazione di regole che siano nell'interesse di tutti e non soltanto nell'interesse di alcuni; dall'altro lato, comporta l'osservanza scrupolosa di quelle regole anche da parte della classe politica che le ha emanate. Se questo non avviene, la legalità è messa in crisi perché viene capovolto il corretto rapporto tra politica e bene comune: e la politica diventa, allora, realmente una "cosa sporca" da criticare e biasimare per il modo scorretto e disonesto con cui viene svolta.

Capitolo II
Vita del diritto e poteri dello Stato

17. Una grande e rivoluzionaria scoperta

La vita del diritto dipende non soltanto dal contenuto delle norme giuridiche emanate dai poteri dello Stato e, in particolare, non soltanto dal contenuto delle leggi emanate dal potere legislativo. Dipende anche dall'applicazione che di quelle norme vien fatta dagli organi che hanno il compito di applicarle.

La legge contiene una regola generale ed astratta: per esempio, «Chiunque cagiona la morte di un uomo è punito con la reclusione non inferiore ad anni ventuno» (art.575 Codice penale). Questa regola è generale perché si rivolge indistintamente a tutti i membri della collettività; ed è astratta perché prevede una situazione ipotetica, riguardante un fatto che non si è ancora verificato ma che potrebbe verificarsi.

Tuttavia, se la legge è fatta di regole generali ed astratte, la realtà della vita è fatta di casi particolari e concreti. Pertanto, tutte le volte che si verifica una situazione particolare e concreta (per esempio, l'uccisione di una determinata persona) occorrerà stabilire se quella situazione rientra nella previsione della legge e, in caso affermativo, occorrerà applicare la pena a chi risulti responsabile della uccisione.

A quale autorità è attribuito il compito di stabilire se un omicidio sia stato commesso, chi ne sia il colpevole e quale pena debba essere applicata in concreto? Più in generale, a quale autorità è attribuito il compito di applicare la legge al caso concreto?

Quel compito è attribuito ai giudici, cioè alla magistratura nei suoi vari organi (tribunali, pretori, giudici di pace, corti di assise, corti di appello, ecc.) disseminati sul territorio dello Stato italiano. Ecco perché ho detto che la vita del diritto non dipende soltanto dalla legge: essa dipende anche dall'attività del giudice che applica la legge.

Infatti, accanto al potere legislativo (Parlamento) e al potere esecutivo (Governo e pubblica amministrazione) esiste il potere giudiziario (denominato anche "giurisdizionale"). La distinzione fra i tre poteri è un essenziale principio che regola la struttura e il funzionamento di uno Stato moderno.

L'affermazione di tale principio fu il frutto di una lenta e travagliata evoluzione e costituì una grande svolta nella vita degli Stati. Invero originariamente la struttura degli Stati faceva perno sul sovrano (re, principe o imperatore), nel quale si accentravano tutti i poteri: il sovrano emanava le leggi; il sovrano governava; il sovrano amministrava la giustizia, personalmente o per mezzo di suoi delegati.

Nel Settecento la cultura illuministica avvertì l'esigenza che il potere di fare le leggi, quello di governare e quello di applicare le leggi stesse non si assommassero nella stessa persona o comunque nello stesso organo. Distinguere e separare i poteri parve una soluzione saggia ed opportuna al fine di porre argine all'assolutismo e di instaurare una equilibrata ripartizione del potere, tale da evitare gli arbitrii e garantire un minimo di controllo sul potere assoluto del sovrano. Occorreva fare in modo che nessun re potesse più dire ciò che aveva detto il re di Francia Luigi XIV: *L'Etat c'est moi* («Lo Stato sono io»): frase che costituisce l'espressione massima dell'assolutismo regio.

Si trattò di una grande scoperta, che, sul piano giuridico e sociale, è degna di stare alla pari con le grandi scoperte scientifiche che rivoluzionarono il cammino dell'umanità (vengono in mente i nomi di Copernico, di Galileo, di Newton, di Morse, di Marconi, di Einstein ecc.).

Chi teorizzò quel principio con grande lucidità, al punto da poterne essere considerato l'inventore, fu Montesquieu, che nel 1748 pubblicò la sua opera più importante, intitolata *De l'esprit des lois* («Dello spirito delle leggi»).

La sostanza del suo pensiero si riassume in questo passo famoso: "Quando nella medesima persona o nel medesimo consesso il potere legislativo è unito al potere esecutivo non c'è libertà perché si può temere che il medesimo monarca o il medesimo consesso faccia delle leggi tiranniche per eseguirle tirannicamente... Neppure c'è libertà se il potere di giudicare non è separato dal potere legislativo e dal potere esecutivo: infatti, se il potere di giudicare è unito al potere legislativo, il giudice sarà legislatore e pertanto il suo disporre della vita e della libertà dei cittadini sarà arbitrario; se il potere di giudicare è unito al potere esecutivo, il giudice potrà avere la forza d'un oppressore. Tutto sarebbe perduto se il medesimo uomo o il medesimo consesso facesse le leggi, ne eseguisse i comandi e giudicasse delle infrazioni"[1].

Questo principio si diffuse largamente e lievitò le legislazioni degli Stati moderni, realizzandosi con modalità e sfumature diverse a seconda del retroterra culturale e della tradizione giuridica dei vari popoli.

In Italia la Costituzione repubblicana individua i tre poteri dello Stato nel *Parlamento* (potere legislativo: artt.55-82), nel *Governo* (potere esecutivo: artt.92-100). nella *Magistratura* (potere giudiziario: artt.101-113). Disegnata questa netta distinzione dei tre poteri, la Costituzione stabilisce tuttavia la centralità del Parlamento, quale espressione della sovranità popolare: il governo, pur nella sua autonomia di azione e di amministrazione, «deve avere la fiducia delle due Camere» (art.94, 1° comma), cioè del Parlamento; e i giudici (il cui insieme costituisce "la Magistratura"), pur nella loro indipendenza, «sono soggetti soltanto alla legge» (art. 101, 2° comma), cioè soltanto alle norme emanate dal Parlamento.

L'articolazione dei tre poteri dello Stato delinea un delicato sistema di equilibri e di reciproci controlli tra gli organi statuali: un sistema di "pesi e contrappesi" attraverso cui si realizza un complesso controllo di legalità, che è essenziale alla "fisiologia" dello "Stato di diritto". Se quel controllo si vanifica o si inceppa, si cade nella "patologia" dello Stato.

In quel sistema di equilibri si inserisce anche l'autorizzazione a procedere, prevista a tutela del Parlamento e della divisione dei poteri. Tale istituto nacque al fine di evitare che il Parlamento potesse essere leso nelle sue prerogative da azioni giudiziarie volte ad impedirne o limitarne il funzionamento mediante l'incriminazione (e magari l'arresto cautelare) di parlamentari sulla base di accuse eventualmente infondate. Ciò poteva facilmente avvenire negli Stati assoluti, quando il re amministrava la giustizia e poteva aver interesse a paralizzare il Parlamento; oggi è più difficile, ma si tratta pur sempre di un rischio possibile. Da ciò l'espressa previsione della necessità, per procedere contro (o per arrestare in via cautelare) un parlamentare, di una autorizzazione da parte della Camera a cui il parlamentare appartiene.

Tutto ciò attiene alla fisiologia del funzionamento dello Stato e va valutato con correttezza ed obiettività: non come è avvenuto nel gennaio 1998 per il cosiddetto "caso Previti", in cui il voto relativo

---

[1] C. L. DE MONTESQUIEU, *De l'esprit des lois*, cap.XI, par.6.

all'autorizzazione o meno all'arresto del parlamentare inquisito è stato caricato di indebiti significati politici, fino a farne un test che avrebbe potuto influire sulle riforme istituzionali; laddove, invece, si trattava semplicemente di un voto che ogni membro della Camera era chiamato ad esprimere, in coscienza, sulla sussistenza o meno, nel caso concreto, di elementi che giustificassero l'arresto in attesa di giudizio.

18. «Nessuno può farsi ragione con le proprie mani»

La esistenza dei giudici è una delle principali caratteristiche di una società civile. Quella esistenza significa che nessuno ha il diritto di farsi ragione con le proprie mani. Chi subisce ingiustizia e intende reagire a tale situazione facendo valere i propri diritti e chiedendo giustizia, deve rivolgersi al giudice, la cui funzione è proprio quella di esaminare il caso e di rendere giustizia, applicando la legge mediante una sentenza.

Ciò vale per chi è vittima di un reato (lesioni, furto, rapina, estorsione ecc.) e anche per chi ha una controversia con un altro cittadino per questioni private (contratti, proprietà, rapporti condominiali, successioni ecc.).

Se ho subito un furto, la legge mi consente di denunciare il furto alla polizia o all'autorità giudiziaria e di costituirmi parte civile nel processo penale al fine di ottenere, oltre alla condanna dell'autore del furto, la restituzione della refurtiva e il risarcimento del danno; non mi consente di andare a casa di chi mi ha derubato, picchiarlo per dargli una lezione, e riprendermi con la violenza la cosa che rivendico come mia.

Se intendo sfrattare un inquilino che non mi paga il canone di locazione, la legge non mi consente di andare nell'alloggio con qualche amico, di buttar fuori l'inquilino con la forza e di mettergli i mobili in strada; mi consente invece di citare l'inquilino davanti al giudice competente per far accertare la morosità (cioè il mancato pagamento del canone di locazione) e per ottenere una sentenza che ordini lo sfratto; se la sentenza non verrà eseguita spontaneamente dall'inquilino, mi rivolgerò all'ufficiale giudiziario, il quale provvederà all'esecuzione forzata della sentenza stessa, ricorrendo - se del caso - alla forza pubblica e osservando le norme di legge.

È importantissimo, è essenziale che i cittadini non si azzuffino tra loro (i romani dicevano: *Ne cives ad arma ruant*, cioè «che i cittadini non si precipitino ad usare le armi, non ricorrano alla violenza»), poiché ciò significherebbe una caduta nella barbarie, nell'inciviltà, nello stato belluino. E indispensabile è il ricorso al giudice, il cui carattere tipico è la "terzietà", cioè l'essere terzo tra due contendenti, l'essere al di sopra delle parti, in una posizione ideale per essere imparziale e per decidere con assoluta obiettività.

Ed allora l'esistenza del giudice in una società è indice eloquente di uno stadio evoluto della società stessa.

19. Il giudice: «bocca della legge»?

Il giudice ha dunque il compito di applicare la legge, cioè di verificare se il caso concreto sottoposto al suo giudizio rientra nella previsione di una norma di legge, e, in caso affermativo, di trarne le conseguenze pratiche.

Nel precedente paragrafo 17 ho fatto l'esempio della norma penale che punisce l'omicidio. Il giudice, di fronte al caso concreto della morte di una persona, è chiamato a ricostruire, attraverso le risultanze di fatto (tipo di lesioni, modalità di produzione della morte) e attraverso le testimonianze, quale sia la causa della morte stessa, a stabilire se quella morte sia attribuibile al comportamento di un determinato soggetto (l'imputato) e, in caso affermativo, a condannare quel soggetto alla giusta pena prevista dalla legge.

Ma il giudice non ha solo il compito di applicare la legge penale. Come ho già accennato, ci sono molte leggi non penali, che regolano i rapporti tra i cittadini. Per esempio, le norme contenute nel Codice civile: esse riguardano i rapporti tra i membri di una famiglia; riguardano il diritto di proprietà sui beni mobili ed immobili; riguardano i rapporti di credito e debito (contratti di compravendita, di locazione, di mutuo, di assicurazione ecc.); riguardano i rapporti di successione (cioè il caso in cui muore una persona e gli eredi subentrano nei diritti di quella persona); e così via.

Quando sorge tra privati cittadini una controversia circa l'applicazione di quelle norme del Codice civile, uno qualunque degli interessati può rivolgersi al giudice affinché stabilisca chi ha ragione e chi ha torto. In tal modo ha inizio una causa civile in cui le parti interessate svolgeranno le loro ragioni e al termine della quale il giudice, raccolte le prove eventualmente necessarie, deciderà con sentenza sulla applicazione della legge civile nel caso concreto. E così, ad esempio, in una causa di separazione tra coniugi, deciderà a chi sia addebitabile la separazione e a chi debbano essere affidati i figli; in una causa relativa alla proprietà di un immobile, deciderà chi dei due contendenti debba, alla stregua della legge, considerarsi proprietario; in una causa di locazione deciderà se il proprietario abbia diritto o no di sfrattare l'inquilino; in una causa di successione ereditaria deciderà chi, tra i contendenti, sia il legittimo erede del defunto; ecc.

Dunque, il giudice ha un compito di essenziale importanza sociale, sia che operi in campo penale sia che operi in campo civile. Egli, per applicare la legge, deve interpretarla.

Il profano di cose giuridiche pensa normalmente che l'applicazione della legge sia un'operazione di natura simile a quella aritmetica: la legge contiene una disposizione e il giudice non ha che da trarne le conseguenze sul piano concreto dei fatti. Due più due fanno quattro; la legge dice così, quindi si applica così. Sarebbe una sorta di automatismo che non ammetterebbe sfumature. Per usare una immagine diversa da quella aritmetica, potremmo parlare delle norme come di "formine" giuridiche che il giudice avrebbe il compito di schiacciare sulla realtà, dando ad essa la "forma" voluta dal diritto: anche qui si tratterebbe di un'operazione automatica, di natura meccanicistica.

La realtà è ben diversa e l'applicazione della legge è una operazione assai più complessa. Il giudice non è *la bouche de la lois* («la bocca della legge»), secondo quanto affermava il pur grande Montesquieu; non si limita a verificare la "premessa maggiore" (la legge) e ad accertare la "premessa minore" (il fatto concreto) per trarne, con automatico sillogismo, la conclusione[2]. No. Il giudice è chiamato a porsi come interprete vivo, come attivo mediatore tra i comandi o i divieti della legge (che - come ho ricordato - sono sempre generali ed astratti) e il fatto da giudicare (che è sempre particolare e concreto). La sua attività non è un'operazione automatica: lo schema del sillogismo ha

---

[2] Il sillogismo è una argomentazione nella quale tra due proposizioni, di cui una maggiore e l'altra minore, legate da un termine medio o comune, si deduce una terza proposizione conclusiva. Ad esempio: «Tutti gli uomini sono mortali» (premessa maggiore), «Socrate è uomo» (premessa minore), «dunque, Socrate è mortale» (proposizione conclusiva).

un'anima di verità, ma è soltanto uno schema di massima, una chiave per capire il tipo di procedimento logico; in realtà nel procedimento logico entra in gioco un fattore vivo e non schematizzabile, che è la coscienza del giudice, nella sua tensione di rendere giustizia nel caso concreto.

20. Interpretazione della legge e certezza del diritto

La legge non è, dunque, un dato univoco, come invece comunemente si crede. La "certezza del diritto" è, indubbiamente, una esigenza ineliminabile di una società bene ordinata. Ma quella certezza non va intesa in senso matematico. Occorre, infatti, tener presente che la legge è una costruzione di parole con la quale viene enunciata una "regola" dell'agire umano. E le parole hanno un loro intrinseco limite: possono assumere significati diversi a seconda del contesto in cui sono inserite; possono presentare sfumature diverse e quindi esprimere concetti diversi. D'altronde qualunque testo scritto può dar adito ad interpretazioni diverse: quante opere letterarie hanno offerto occasione a dibattiti interpretativi (si pensi soltanto alla critica dantesca: quanti versi di Dante hanno impegnato gli studiosi in polemiche vivacissime!). Anche la legge è fatta di parole e richiede un accurato lavoro interpretativo, che può avere esiti non univoci.

È questo uno dei motivi per cui su molte questioni giuridiche vi sono, talora, sentenze discordanti. L'interpretazione della legge lascia taluni margini alle scelte interpretative del giudice: e il giudice sceglie, tra le possibili soluzioni, l'interpretazione che lo convince di più e che gli consente di rendere giustizia nel caso concreto.

Il senso della parola "interpretare" sta proprio qui: mediare tra due termini diversi tra i quali cercare il giusto equilibrio; la particella "inter" esprime appunto il collocarsi tra due estremi per svolgere una attività di mediazione tra di essi.

In tale attività il giudice terrà presente questo principio, oggi generalmente accettato: la volontà della legge non si identifica con la volontà dei suoi compilatori; la legge, una volta emanata, si stacca - per così dire - dalle persone fisiche dei suoi compilatori e vive di vita propria, ha un suo contenuto obiettivo ed autonomo. I compilatori avranno avuto, storicamente, determinate intenzioni: ma la legge va interpretata per quello che essa (e non i suoi compilatori) intende dire attraverso la sua struttura lessicale, la sua impostazione sintattica, la sua collocazione sistematica. E potrà anche accadere che una norma, così come formulata, possa essere idonea a regolare situazioni nuove che i suoi compilatori non avevano previsto e che magari non avrebbero neppur potuto prevedere.

Si profila, in tal modo, la possibilità di una interpretazione *evolutiva*, che ricava dalla norma tutte le potenzialità espressive di cui è capace e la rende idonea a rispondere alle esigenze suscitate dalla evoluzione della società e dei rapporti sociali.

Per esempio: il vecchio Codice penale (il Codice Zanardelli del 1889) venne emanato in un'epoca in cui non era stata ancora scoperta e utilizzata l'energia elettrica; pertanto non poteva ancora prevedere il furto di energia elettrica. Quando l'energia elettrica divenne un bene economico, sorse il problema se la norma che puniva il furto di cosa mobile altrui potesse essere applicata al furto di energia elettrica. La questione venne risolta dai giudici in senso affermativo, interpretando l'espressione "cosa mobile" come comprensiva anche dell'energia: problema che era del tutto estraneo agli orizzonti dei compilatori del Codice Zanardelli. Ecco in che senso la norma vive di vita propria ed è dotata di una sua autonoma forza propulsiva: grazie all'impegno intellettuale del giudice-interprete, quella forza propulsiva si manifesta attraverso una logica estensione del significato delle parole, adattando la norma alla evoluzione sociale (oggi la legge espressamente riconosce che l'energia rientra nel concetto di cosa mobile: sia il Codice penale Rocco, emanato nel 1930, sia il Codice civile, emanato nel 1942, affermano - rispettivamente nell'art.624, 2° comma e nell'art.814 - che si considerano beni mobili l'energia elettrica e ogni altra energia naturale che abbia un valore economico).

Un altro esempio: l'art.1786 del Codice civile stabilisce che le norme riguardanti il deposito in albergo e la responsabilità dell'albergatore si applicano anche agli imprenditori di case di cura, stabilimenti di pubblici spettacoli, stabilimenti balneari, pensioni, trattorie, carrozze letto e simili. Quando questa norma venne emanata (16 marzo 1942) non esisteva ancora il *camping*, che oggi è molto diffuso e che è una realtà assai diversa dall'albergo, dalla casa di cura, dallo stabilimento balneare, dalla trattoria, ecc. La giurisprudenza (cioè le sentenze emanate dai giudici in questi anni) ha ritenuto che la norma sia applicabile anche al gestore di un *camping*, in base alla considerazione che la posizione di tale soggetto rispetto ai propri clienti ha molte affinità con la posizione dei soggetti elencati dall'art.1786 Codice civile e che pertanto è razionale applicare tale norma anche in quel caso.

Ancora: l'art.889 del Codice civile dispone, in materia di proprietà fondiaria, che chi vuole aprire pozzi, cisterne, fosse di latrina o di concime presso il confine deve osservare la distanza di almeno due metri tra il confine e il punto più vicino del perimetro interno delle opere predette. La norma si ispira ad ovvie esigenze di igiene e di rispetto della proprietà altrui. Venne emanata in tempi in cui non si parlava ancora di fosse biologiche e quindi i compilatori del codice non erano in condizioni di dettare delle regole anche per la sistemazione delle fosse biologiche. Da quando si è generalizzato l'uso delle fosse biologiche settiche, i giudici hanno ritenuto che applicare anche in tal caso la distanza prevista dall'art.889 rispondesse alla effettiva *ratio* della norma e fosse quindi non in contrasto con la volontà della legge.

Non si può proprio dire che quel lavoro interpretativo nuoccia alla "certezza del diritto". Per di più, a garanzia di quella certezza sta l'attività della Corte di Cassazione: tale Corte si trova nella posizione di "terzo grado" della giurisdizione ed ha il compito di stabilire se il giudice di primo grado e il giudice di appello (secondo grado) hanno interpretato correttamente la legge. Tale funzione (che viene denominata "di mera legittimità") garantisce, entro certi limiti, l'uniformità dell'interpretazione giudiziale e quindi la certezza del diritto. Perciò la Corte di Cassazione viene anche chiamata "suprema Corte regolatrice".

21. Creatività del giudice

Come ho detto, l'attività interpretativa può arrivare a conclusioni non univoche e quindi comporta un certo grado di relatività della giustizia, perché un giudice può pensarla in un modo e un altro giudice può pensarla in un altro modo. Tale relatività della giustizia, pur temperata dall'attività della Corte di Cassazione, può essere difficile da capire.

Ma la relatività è propria di tutte le cose umane: si pensi quanto sono relative, e spesso discordanti, le diagnosi che medici diversi - tutti espertissimi e tutti scrupolosissimi - possono fare del medesimo caso clinico, interpretando in modo diverso sintomi e risultanze degli esami clinici alla luce del loro bagaglio scientifico e della loro personale esperienza. La divergenza di opinioni è nella natura delle cose: *Quot capita, tot sententiae* («Quante sono le teste, tante sono le opinioni»), dice un antico, saggio e realistico proverbio.

Tuttavia qui, nel caso del lavoro del giudice, la relatività acquista una valenza particolarmente importante, che mi è capitato di verificare frequentemente nei quarantatré anni in cui ho fatto il giudice: i margini di discrezionalità che sono insiti nel fenomeno dell'interpretazione della legge offrono al giudice un ventaglio di soluzioni, tra le quali il giudice può scegliere, secondo coscienza, quella che esprime con maggiore intensità l'esigenza di giustizia che scaturisce dal caso concreto: cioè che scaturisce, in definitiva, dalla società, la quale costituisce il substrato vivo dell'apparato statuale e la naturale destinataria delle regole emanate dal potere legislativo.

Per meglio spiegare e far capire il fenomeno ricordo che nel processo penale il difensore dell'imputato svolge il suo compito prospettando al giudice una serie di possibili soluzioni del caso, soluzioni che egli presenta al giudice secondo una progressione scalare: una tesi principale (l'assoluzione dell'imputato), una tesi subordinata (sussistenza di un reato più lieve di quello attribuito all'imputato dall'accusa), una tesi ulteriormente subordinata (presenza di circostanze attenuanti), e così via. Quando difende, poi, un imputato chiaramente colpevole (e magari addirittura confesso), un avvocato onesto e avveduto non si sognerà, certo, di sostenere l'innocenza del cliente, ma prospetterà al giudice una serie di possibili soluzioni favorevoli al cliente stesso: per esempio, oltre alle tesi subordinate or ora dette, la seminfermità mentale, o l'applicabilità di un condono o di un'amnistia, o la mancanza di una condizione di procedibilità, o il contenimento della pena entro i limiti della condizionale.

Dico questo per sottolineare che il giudice ha sempre ampi spazi nella propria valutazione del caso, nell'inquadramento giuridico di esso, nella scelta della soluzione più adeguata ai profili specifici della situazione concreta.

Decidere se un determinato fatto integri gli estremi del furto o della appropriazione indebita, dello scippo (furto con strappo di mano o di dosso alla vittima) o della rapina, della corruzione o della concussione, della ricettazione o dell'incauto acquisto, del delitto tentato o del delitto consumato è sovente problema interpretativo assai delicato; e lascia ampio spazio all'impegno, all'acume, alla preparazione giuridica, al senso di umanità del giudice. Quest'ultimo porta nella decisione il suo bagaglio culturale, la sua visione della vita, la sua concezione del diritto e della società: quella che è stata chiamata la "pre-comprensione", cioè la immersione che ogni uomo ha in un certo mondo di valori e di concetti[3].

La condizione umana è connotata dalla dimensione della storicità: l'uomo agisce e opera soltanto all'interno della storia e attraverso di essa. Non può capire ed applicare una norma senza interpretarla; e non può interpretarla se non partendo da determinati presupposti che gli provengono dal contesto culturale nel quale egli vive. Di qui la precomprensione, cioè una sorta di "sapere previo" che costituisce la piattaforma naturale su cui si sviluppa la riflessione scientifica e l'attività giuridica.

C'è chi ha affermato addirittura che, in forza della precomprensione, l'interprete del diritto non recepisce un senso oggettivo che esiste nella norma, bensì attribuisce alla norma stessa un senso che ad essa deriva da un complessissimo sistema[4].

A parte queste tesi estreme, mi pare che si possa davvero parlare di "creatività" del giudice. Giurisdizione deriva dal latino *jus dicere*, che significa «dire il diritto nel caso concreto», cioè stabilire qual è il senso specifico della legge in relazione a un caso determinato. Il termine "giurisdizione" è, dunque, profondamente diverso dal termine "legislazione": designa un'attività fortemente differenziata dal "legiferare", un'attività che si svolge ad un livello diverso e che ha una funzione sociale diversa.

Con l'occasione ricordo che il termine "giurisdizione" va distinto anche dal termine "giurisprudenza", che designa invece il complesso delle sentenze dei giudici, cioè il "prodotto" della giurisdizione.

---

[3] Su questa pre-comprensione nel processo interpretativo possono vedersi J. ESSER, *Precomprensione e scelta del metodo nel processo di individuazione del diritto*, trad. it. a cura di Patti e Zaccaria, Camerino, 1983, pag.51; P. G. MONATERI, *Interpretazione del diritto*, in «*Digesto delle discipline privatistiche - Sezione civile*», Utet, Torino, 1993, X, pagg.31 e segg.; N. IRTI, *Il diritto come ricerca*, in «*Rivista di diritto civile*», Padova, 1986, I, pagg.339 e segg.

[4] J. ESSER, *op. e loc. cit.*

22. Il diritto "vivente"

La specificità del *jus dicere* mette in evidenza che il lavoro del giudice è - come ho detto - un lavoro autenticamente creativo. Esso crea il "diritto vivente": s'intende, entro l'alveo della legge («i giudici sono soggetti soltanto alla legge»), ma con un margine di autonomia nello stabilire significato e contenuto della legge in relazione al caso concreto da decidere.

In altre parole: la legge vive e opera nell'ordinamento giuridico attraverso l'interpretazione che ne danno i giudici, cioè attraverso il modo con cui i giudici la applicano, attraverso il contenuto che i giudici ricavano dalla sua formulazione. Infatti la legge opera e produce effetti concreti quando un giudice la applica a un caso concreto.

Ho già fatto degli esempi di interpretazione. Ma, per chiarire ulteriormente il mio pensiero, voglio aggiungere qui un esempio macroscopico, un esempio da caso-limite che ha il sapore del paradosso ma che rende bene l'idea che intendo esprimere. L'art.575 del Codice penale, che ho già citato e che punisce l'omicidio, dice: «Chiunque cagiona la morte di un uomo è punito con la reclusione non inferiore agli anni ventuno». Interpretata in modo strettamente letterale, tale norma non prevederebbe come reato l'uccisione di una donna. Ma è chiaro che nell'usare la parola "uomo" la legge ha inteso usare un termine di *genus*, di genere, attribuendogli il significato generico di "persona umana" e comprendendovi quindi anche la donna. E in tale giustissimo senso la norma è stata sempre univocamente interpretata ed applicata da tutti i giudici. Essa "vive", dunque, con tale significato: esprime il "diritto vivente". Ma se, in malaugurata ipotesi, i giudici avessero interpretato il termine "uomo" in senso restrittivo, la norma "vivente" sarebbe stata un'altra: sarebbe stata una norma che avrebbe escluso dal proprio raggio di applicazione l'uccisione della donna, esponendosi in tal modo ad una inevitabile e fondatissima censura di incostituzionalità.

Dunque, quando la Corte costituzionale è chiamata a valutare la conformità o meno di una legge ordinaria alle norme costituzionali fa riferimento al "diritto vivente", cioè prende in esame la legge nella sua concreta operatività, nel modo con cui vive ed opera nell'ordinamento giuridico. E se, per mantenerci nell'esempio fatto, i giudici avessero interpretato l'art.575 del Codice penale in senso restrittivo, la Corte costituzionale non avrebbe avuto alcun dubbio sulla incostituzionalità di una simile norma vivente, data la sua palese contrarietà con il principio costituzionale di eguaglianza dei cittadini di fronte alla legge.

Ecco, allora, un aspetto originale e moderno della "legalità": quello del "diritto vivente". Non è frequente che lo si prenda in considerazione, ma è molto interessante metterlo in evidenza. Esso completa il concetto di "legalità" su cui ci siamo soffermati nel primo capitolo e precisa che per "legalità" deve intendersi non soltanto l'osservanza della legge e la conformità di un atto o di un comportamento alla legge stessa, bensì anche l'osservanza di una sentenza del giudice e la conformità di un atto o di un comportamento a tale sentenza. Invero la sentenza stabilisce l'esatto contenuto della legge in relazione ad una determinata situazione concreta: dà la misura del modo con cui la legge vive e opera nella società.

23. L'indipendenza della magistratura

Detto ciò, balza subito agli occhi l'assoluta esigenza che la magistratura sia indipendente, cioè che sia in grado di assumere le sue decisioni con assoluta obiettività e imparzialità, senza che il suo giudizio venga inquinato da pressioni o da inframmettenze di qualunque genere. Rendere giustizia significa - secondo la celebre definizione del giureconsulto romano Ulpiano - *ius suum cuique tribuere* («attribuire a ciascuno ciò che gli spetta secondo diritto»). E dare a ciascuno ciò che gli spetta per legge vuol dire, appunto, giudicare con assoluta indipendenza, avendo come punto di riferimento esclusivo la legge; vuol dire, in sostanza, giudicare *sine spe et sine metu* («senza speranza e senza timore»), cioè senza sperare vantaggi personali e senza temere svantaggi personali dal fatto di decidere in un modo piuttosto che in un altro.

La Costituzione italiana afferma esplicitamente quella indipendenza nell'art.104, 1° comma: «La magistratura costituisce un ordine autonomo e indipendente da ogni altro potere».

La preoccupazione dell'Assemblea Costituente di inserire nella Costituzione quella affermazione esplicita trovava la sua più evidente motivazione nell'esperienza fascista che l'Italia aveva fatto tra il 1922 e il 1945: un'esperienza di regime dittatoriale, nel corso della quale i giudici non avevano fruito di alcuna garanzia di indipendenza e le interferenze del potere esecutivo nel lavoro dei giudici erano state innumerevoli.

Basti pensare che a quell'epoca i giudici dipendevano dal Ministero della giustizia, cioè dal potere esecutivo: pertanto sia i concorsi, sia i trasferimenti, sia le promozioni, sia i provvedimenti disciplinari dipendevano dal Ministro. I giudici si trovavano quindi in balìa del governo, il quale poteva ricattarli con la minaccia di provvedimenti negativi nei loro confronti; poteva trasferire dal Veneto alla Sardegna, dal Piemonte alla Calabria (o viceversa) un giudice che fosse scomodo ed inviso al potere politico per aver emanato una sentenza non gradita al governo stesso; oppure poteva negargli la promozione (e quindi bloccargli la carriera giudiziaria) con i motivi più svariati e più pretestuosi.

La Costituzione ha rimosso quella situazione non soltanto affermando l'indipendenza della magistratura da ogni altro potere, ma predisponendo altresì gli strumenti che garantissero quella indipendenza, cioè istituendo il Consiglio Superiore della Magistratura (C.S.M.). Quest'ultimo è ora l'organo di "autogoverno" dei giudici, nel senso che tutta la materia dei concorsi, dei trasferimenti, della progressione in carriera, dei procedimenti disciplinari, dei pensionamenti è devoluta ad esso e non più al Ministro della giustizia, proprio per evitare una dipendenza dal potere esecutivo.

Il C.S.M. è composto in parte da magistrati eletti dalla base della magistratura ordinaria, in parte da membri eletti dal Parlamento in seduta comune tra professori ordinari di università in materie giuridiche ed avvocati dopo quindici anni di esercizio. Ne fanno parte di diritto il primo Presidente e il procuratore generale della Corte di Cassazione. È presieduto dal Presidente della Repubblica ed ha un vicepresidente eletto dal Consiglio stesso fra i componenti designati dal Parlamento. I membri elettivi del Consiglio durano in carica quattro anni e non sono immediatamente rieleggibili.

Da quando esiste, il C.S.M. ha rivelato difetti, tensioni interne, venature politiche; il suo governo della magistratura ha spesso suscitato perplessità e polemiche[5], ma direi che, nella sostanza, esso ha

---

[5] Vedansi le vicende relative ai provvedimenti inerenti agli uffici giudiziari di Palermo e riguardanti, in particolare, la posizione del magistrato Giovanni Falcone: vicende che sono analizzate nel libro di G. DI LELLO, *Giudici*, Sellerio, Palermo, 1994.

adempiuto alla fondamentale funzione di tutelare l'indipendenza dei magistrati dalle interferenze del potere esecutivo.

Un importante aspetto dell'indipendenza è l'inamovibilità del giudice. Essa significa che un giudice non può essere dispensato o sospeso dal servizio né destinato ad altre sedi o funzioni se non in seguito a decisione del Consiglio Superiore della Magistratura, adottata o per i motivi e con le garanzie di difesa stabilite dall'ordinamento giudiziario oppure con il suo consenso.

In altra sede ebbi occasione di mettere in evidenza che il giudice deve non soltanto essere indipendente, ma anche apparire indipendente[6] . Alla sostanza della reale indipendenza deve accompagnarsi un'immagine coerente. Perciò ritengo inopportuno che un giudice si iscriva a un partito politico o comunque svolga militanza politica. E ritengo altresì opportuno che un magistrato il quale sia entrato in politica e abbia fatto, ad esempio, il parlamentare, non torni a fare il magistrato dopo la scadenza del mandato parlamentare.

24. Peculiarità del lavoro del giudice

Un giovane che, laureatosi in giurisprudenza e superato il concorso per esami, entri nella magistratura si accorge subito che la professione del giudice è una professione libera, sovranamente libera. Intendiamoci: il giudice non è un "libero professionista", perché è un funzionario dello Stato e non lavora in proprio. Ma il non essere "libero professionista" non esclude affatto che la sua professione sia "libera" nel senso più pieno e più profondo del termine. Ed è chiaro che "libertà" non vuol dire "arbitrio": non soltanto perché le due parole hanno significati diversi, ma anche perché l'art.101, secondo comma della Costituzione assoggetta espressamente la libertà del giudice ad un limite invalicabile: quello della legge.

Il senso più vero e più profondo di quella libertà sta nel fatto che nel lavoro del giudice trova ampio spazio la coscienza, la quale diventa, anzi, principale e decisivo "strumento" di lavoro. Il giudice è soggetto soltanto alla legge, e interpreta e applica la legge secondo la propria coscienza[7]. Nessuno interferisce nelle sue decisioni, che egli prende in

---

[6] Cfr. R. VENDITTI, *Giustizia come servizio all'uomo. Riflessioni di un magistrato sul lavoro del giudice*, edizione lulu.com, 2017, pag.47.

[7] Su questo primato della coscienza nel lavoro del giudice può vedersi più

assoluta indipendenza, dopo aver attentamente ponderato le risultanze processuali e aver ampiamente discusso con i colleghi in camera di consiglio (quando l'organo di cui egli fa parte sia collegiale, come lo è il Tribunale o la Corte di appello, e non sia invece monocratico, cioè composto da una sola persona, come lo è il Pretore o il Giudice di pace).

Il lavoro del giudice è libero e indipendente non soltanto nei confronti di poteri, organi o ambienti esterni alla magistratura, ma anche nei confronti degli altri giudici. In particolare il giudice, nel prendere le sue decisioni o nell'esprimere la sua opinione in camera di consiglio, non è condizionato dal collega più anziano o più elevato in grado. In un organo collegiale il presidente, nell'esprimere la sua opinione sulle questioni poste dal processo, non ha peso e autorità maggiori rispetto alla opinione di un giovane collega, magari agli inizi di carriera. Il voto del presidente è assolutamente pari a quello degli altri giudici; e la legge prescrive al presidente di esprimere la propria opinione per ultimo, proprio perché la sua posizione e il suo prestigio non influenzino gli altri giudici nel delicato processo di formazione della decisione.

Certo, chi non è indipendente dentro di sé per intima convinzione morale e per deliberata scelta di deontologia professionale non può ricevere dalle strutture giuridiche l'indipendenza. Le strutture non possono che garantire una indipendenza che già c'è; non possono creare una indipendenza che non c'è. Se un giudice ha animo servile e pavido, nessuno potrà dargli l'indipendenza che non ha. Ma questo è un problema etico che ha una valenza generale e che riguarda qualsiasi professione e qualsiasi aspetto della deontologia professionale.

Qui voglio solo aggiungere che la soggezione «soltanto alla legge» comporta il rifiuto di ogni altra soggezione: per esempio, della soggezione ad associazioni politiche o della soggezione ad associazioni segrete (massoneria, mafia ecc.). Il giudice, che ha giurato fedeltà alla legge, alla Repubblica, alla Costituzione, non può legarsi ad associazioni che pretendano da lui una fedeltà che si sovrapponga e superi la fedeltà alla legge.

---

ampiamente: R. VENDITTI, *Giustizia come servizio all'uomo, ecc.*, cit. nella nota precedente, pagg.10 e segg.

25. Una magistratura indipendente è il cardine dello «Stato di diritto». Legalità e terrorismo

Gli ultimi decenni che abbiamo vissuto hanno messo in evidenza, sul piano pratico, ciò che la scienza giuridica aveva elaborato in linea teorica: l'importanza di una magistratura indipendente come garanzia fondamentale di legalità.

La stagione del terrorismo nero e rosso degli anni Settanta e dell'inizio degli anni Ottanta fu una stagione terribile, che mise a dura prova la magistratura. Fece molte vittime tra i magistrati, ma colpì spietatamente in ogni categoria di cittadini: forze dell'ordine, giornalisti, politici, avvocati, sindacalisti, docenti universitari ecc. Lo Stato sembrò, a un certo punto, soccombere di fronte all'ondata di omicidi che si susseguivano in una catena apparentemente interminabile e che restavano, in un primo tempo, impuniti data la difficoltà di individuare i responsabili.

La memoria collettiva è piuttosto labile e corta, ed oggi si tende a dimenticare il clima di quell'epoca. Ma io ricordo perfettamente l'angoscia creata nell'opinione pubblica da quello stillicidio di assassinii; e il clima teso di quegli anni, quando quel terribile delirio omicida trovava consensi e solidarietà in ambienti dell'estrema sinistra, quando maestri di violenza pontificavano coi loro scritti, utilizzando persino il prestigio della cattedra universitaria, e quando scuole e università - facili prede di quei maestri - erano scosse da conati di rivolta violenta e da folli impulsi di anarchia.

Di fronte alla violenza bruta del terrorismo, lo Stato si trovò in condizioni di apparente inferiorità: la sua forza è una forza razionalizzata, autodisciplinata; è la forza di uno "Stato di diritto" che non può tradire i principi su cui è fondato e che deve essere fedele a se stesso. Il terrorista spara e uccide senza scrupolo alcuno; il disprezzo per la vita umana (altrui) è un suo principio programmatico. Lo Stato non può e non deve fare altrettanto: la sua ragion d'essere è la legalità, il rispetto della vita umana e dei diritti dell'uomo, chiunque egli sia. Lo Stato ha, sì, un apparato punitivo, ma tale apparato punitivo (pur con tutti i suoi limiti e i suoi difetti) è costruito su certi principi fondamentali di umanità, dimenticando i quali lo Stato negherebbe se stesso e si porrebbe sullo stesso piano dei terroristi. È un apparato che è fondato non sulla cieca violenza, bensì sulla forza disciplinata dalla legge.

La tentazione di abbandonare le garanzie dello Stato di diritto, anche solo al limitato scopo di sconfiggere il terrorismo, fu molto forte: da vaste zone dell'opinione pubblica salivano pressanti istanze di giustizia sommaria, di ripristino della pena di morte, di risposta alla violenza con cieca violenza. Ma lo Stato, pur ricorrendo ad una legislazione dell'emergenza per più d'un verso discutibile, resistette, nella sostanza, alle forti sollecitazioni che gli venivano dal basso sull'onda di una incontrollata emotività. E, alla lunga, quella fondamentale fedeltà a se stesso risultò vincente.

Quella vittoria costò, indubbiamente, enormi tensioni ed enormi rischi. I magistrati più esposti furono quelli che condussero i più gravi processi alle brigate rosse, ai nap, a prima linea, a ordine nuovo, alle varie formazioni terroristiche di destra e di sinistra.

Vinto il terrorismo politico, un'altra stagione durissima si aprì ed è tuttora aperta: quella del terrorismo di stampo mafioso. Anche qui, le vittime tra i magistrati sono state e sono innumerevoli: e talune connessioni tra mafia e politica che sono andate emergendo rendono più dura e difficile la battaglia dei giudici in difesa della legalità, poiché rivelano smagliature e falle all'interno stesso dell'apparato statuale (gravissimi sospetti hanno investito persino taluni magistrati, rendendo ancor più drammatiche le falle): smagliature e falle che son parse particolarmente pericolose perché il potere esecutivo ha dato, in certi momenti, l'impressione di sottovalutare la gravità e l'estensione del fenomeno mafioso e di lasciare isolati i magistrati più esposti e inascoltate le loro richieste di potenziamento delle strutture operative (organici del personale degli uffici giudiziari, più ampia disponibilità di forze di polizia, regime carcerario rigoroso nei confronti degli imputati e condannati per reati di stampo mafioso ecc.).

Ma su tale argomento avremo occasione di ritornare (cfr., più avanti, i paragrafi da 54 a 58).

26. «Tangentopoli» e dintorni

In parte collegato col fenomeno mafioso è il giro di affari illegali che cominciò ad emergere, dal febbraio 1992 in poi, con le inchieste giudiziarie che investirono la classe politica e quella imprenditoriale, portando alla luce una situazione di illegalità di dimensioni incredibili, che il linguaggio corrente denominò ben presto, con colorita espressione, «Tangentopoli» (cioè città delle tangenti, vale a dire della corruzione)[8].

La graduale scoperta di questo marcio profondamente radicato e ampiamente diffuso, nonché il terremoto politico e sociale che derivò dall'avvio di innumerevoli processi per corruzione e per concussione, operarono una vera e propria rivoluzione nel costume, nella mentalità, nel panorama dei partiti e delle istituzioni. Ciò che di sano c'era nel popolo italiano reagì positivamente: si manifestò una immensa "voglia di legalità", di giustizia, di pulizia, di rinnovamento. E la popolarità della magistratura raggiunse vertici altissimi (non privi di aspetti mitizzanti e, come tali, criticabili), poiché il "terzo potere" rivelò risorse insospettate di incisività, di intelligente energia, di assoluta indipendenza, di ferma applicazione della legge senza guardare in faccia nessuno, ma con sostanziale fedeltà alle garanzie di difesa spettanti a ciascun imputato.

Come in tutte le cose umane, non mancarono errori da parte dei giudici, eccessi nell'uso della custodia cautelare[9], imprudenze nel fare dichiarazioni o nel concedere interviste, tendenze al protagonismo da

---

[8] «Tangente» deriva dal latino *tangere*, che significa "toccare": qui usato nel senso di "mi tocca", "mi spetta", "mi riguarda". La tangente è una quota percentuale che spetta per contratto ad una determinata persona (per esempio: la provvigione del due o del tre per cento che spetta al mediatore, secondo gli accordi). Fin qui, nulla di illecito. La tangente acquista connotazioni di illiceità quando costituisce una percentuale offerta a un pubblico funzionario o richiesta dal medesimo quale compenso per favorire un privato (ad esempio, un imprenditore) nella stipulazione di appalti o nel compimento di altri atti inerenti alla pubblica funzione. «Tangentopoli» è la terza delle "emergenze" (terrorismo, mafia, Tangentopoli) evidenziate da Sergio Zavoli (S. ZAVOLI, *Ma quale giustizia*, Piemme-RAI, Roma, 1997, pagg.13 e segg.).

[9] Si chiama oggi «custodia cautelare» quella misura che in passato si chiamava «carcerazione preventiva» (cioè carcerazione in attesa del processo). È una misura precauzionale con cui la società - attraverso un provvedimento del magistrato - si difende dal rischio che imputati di reati gravi possano sottrarsi, nel corso del processo, alla probabile punizione che verrà loro inflitta con la sentenza che definirà il processo. Da ciò la restrizione della libertà personale (in carcere oppure agli arresti domiciliari, a seconda dei casi) quando vi sia il pericolo di fuga oppure il rischio che l'imputato possa, in libertà, commettere altri reati oppure inquinare le prove, distruggendo documenti probanti, intimidendo testi d'accusa, ecc.

parte di alcuni magistrati. Ma ciò nulla toglie alla positività dell'azione della magistratura, che si trovò oberata da un lavoro immenso, da una valanga di processi che rischiarono di sommergere i magistrati e di paralizzare gli uffici giudiziari, i cui organici sono da decenni lasciati - dalle autorità centrali competenti a provvedere - vergognosamente esigui, con una enorme sproporzione tra numero dei giudici e numero dei processi civili e penali da portare a conclusione.

Per fornire la misura di una simile sproporzione (e una misura ricavata da una diretta e concreta esperienza personale) posso riferire che nel periodo (a cavallo fra gli anni Ottanta e gli anni Novanta) in cui presiedetti la Seconda Sezione penale della Corte di appello di Torino, quella sezione aveva in organico sette giudici e aveva un carico di 7.000 (dico: settemila) processi penali, alcuni dei quali con 30, 40, 70, 105 imputati: una sproporzione enorme, che dava a noi giudici la sensazione frustrante di non riuscire a far fronte alle esigenze, pur lavorando col massimo impegno, senza risparmio di tempo e di energie. Non c'è nulla di più frustrante per un giudice penale che la impressione di non essere adeguato a rendere una giustizia rapida e incisiva, o di lavorare a vuoto: decidere processi i cui reati sono al limite della prescrizione[10] e si prescriveranno inevitabilmente nel giudizio di appello o in quello di cassazione; emanare condanne che verranno sicuramente vanificate da una imminente amnistia o da un condono che è in vista.

Dalle predette insufficienze dell'apparato giudiziario e dagli incidenti di percorso di alcuni processi (tra cui il suicidio di qualche indagato eccellente[11]) prese spunto una violenta campagna contro i

---

[10] Si ha «prescrizione del reato» quando il reato si estingue (e quindi cessa di essere punibile) per decorso del tempo. La legge stabilisce infatti che lo Stato non abbia più interesse a punire un reato, quando tra la data della sua commissione e la sentenza definitiva sia trascorso un tempo rilevante. La lunghezza del termine di prescrizione viene dalla legge determinata in rapporto alla gravità del reato. Per molti reati quel termine risulta, nella attuale situazione della giustizia italiana, troppo breve, e pertanto accade spesso che nel corso della lunga trafila giudiziaria (giudizio di primo grado, giudizio di appello, giudizio di cassazione) il termine di prescrizione maturi prima che la sentenza sia diventata definitiva: in tal caso viene azzerato tutto il lavoro svolto nel frattempo dai magistrati e l'imputato deve essere prosciolto per essersi il reato estinto a seguito di prescrizione.
[11] Fatto senza dubbio doloroso e terribile, ma non certo imputabile (salvi i casi di dolo o colpa grave, o di diniego di giustizia) al giudice che indaga. Paolo Borgna e

giudici, volta a delegittimare la magistratura e a promuovere l'emanazione di leggi che restringessero i poteri dei magistrati e, in particolare, dei pubblici ministeri[12]. La campagna, orchestrata da politici che - guarda caso - erano indagati dalla magistratura perché indiziati di illegalità di vario tipo, giunse ad inaudite violenze verbali, dipingendo i giudici addirittura come "assassini" e cercando di screditarli in ogni modo.

I magistrati vennero accusati di usare la custodia cautelare in carcere come strumento per estorcere confessioni agli imputati. Ma, per quel che è possibile valutare dall'esterno (cioè senza conoscere gli atti dei singoli processi), simili accuse appaiono, per la massima parte, infondate e non realistiche. In processi di quel genere, che riguardano situazioni molto complesse, frutto di piani criminosi molto raffinati che si avvalgono di operazioni finanziarie di alto livello, i rischi di inquinamento della prova sono enormi: basta una telefonata da parte

---

Margherita Cassano hanno messo in evidenza come la drammatica decisione di uccidersi documenti, in modo impressionante, la diffusa convinzione che fosse ingiusto, inaudito, raggiungere con l'azione penale persone potentissime che erano sempre state considerate intoccabili e nei cui confronti indagare o iniziare un processo o far scattare una custodia cautelare era, fino ad allora, addirittura impensabile (P. BORGNA e M. CASSANO, *Il giudice e il principe. Magistratura e potere politico in Europa*, Donzelli, Roma, 1997, pag.15).
Si è fatto tanto clamore sui suicidi di indagati e si è passato sotto silenzio il suicidio di un imprenditore di Desio, portato a quell'estremo gesto dalla disperazione in cui era caduto dopo aver tenacemente resistito alle ripetute richieste di tangenti e dopo essersi trovato sull'orlo del disastro per mancanza di lavoro (su questo fatto si veda il puntuale ed opportuno commento di G. CONSO, *Il suicidio quale disperato grido di protesta contro la persistente corruzione ambientale*, in «Diritto penale e processo», Milano, 1997, pagg.525-526). Sul suicidio dei "tangentisti" (o, meglio, di coloro che sono indagati per tangenti) e sulle responsabilità dei media vi sono cenni interessanti nel saggio di E. CAMANNI e M. DA PRA POCCHIESA, *L'ultimo messaggio. Viaggio verso il confine del suicidio attraverso il quotidiano della vita*, Edizioni Gruppo Abele, Torino, 1995, pagg.86 e segg.
[12] Si chiama «pubblico ministero» (P.M.) il magistrato che è addetto ad una Procura della Repubblica, il cui compito è quello di esercitare l'azione penale, cioè di dare inizio ad un processo penale quando abbia notizia di un reato. Il pubblico ministero svolge le prime indagini e adempie il ruolo della pubblica accusa nel corso del processo. È, dunque, l'organo che persegue l'interesse pubblico all'accertamento del reato e alla condanna del colpevole: da ciò il suo nome (*ministerium publicum* significa «servizio nell'interesse di tutta la collettività»). Essendo magistrato, il pubblico ministero ha le garanzie di indipendenza che hanno tutti i magistrati.

dell'imputato per alterare il quadro probatorio, per spostare ingenti capitali, per intimidire o corrompere un teste pericoloso, per far sparire documenti compromettenti. E tale rischio di inquinamento della prova può venire eliminato con sicurezza soltanto quando l'indagato, già raggiunto da pesanti elementi processuali accusatori, confessa: solo in quel momento il quadro probatorio viene, per così dire, fissato, fotografato, reso - in linea di massima - immutabile; solo in quel momento viene a verificarsi una situazione processuale tale da escludere che il quadro probatorio stesso possa venire arbitrariamente modificato (fatta salva, naturalmente, ogni valutazione critica della prova in sede di decisione del merito). Quindi il discorso non è «Ti tengo dentro finché non confessi», bensì è «Il fatto che tu abbia confessato mi consente ora di escludere i pericoli (che c'erano) di inquinamento delle prove e quindi di metterti in libertà». Né va trascurato che tra le funzioni della custodia cautelare in carcere c'è anche quella di impedire la reiterazione di reati: reiterazione assai probabile da parte di un soggetto che, in un ambiente in cui la tangente è ritenuta normale, riveste una posizione che gli rende molto facile la corruzione o la concussione.

Mi rendo conto che questi argomenti possono essere criticati, e non pretendo di convincere il lettore. Faccio solo presente che il mio discorso parte dal presupposto che l'indagato sia raggiunto da seri elementi processuali a suo carico; pertanto la situazione obiettiva è tale da non consentire di ravvisare una strumentalizzazione della custodia cautelare al fine di ottenere una confessione.

Comunque, occorre - a mio avviso - essere molto prudenti nel valutare i singoli casi di custodia cautelare e pertanto vanno evitate le generalizzazioni, che rischiano sempre di risolversi in valutazioni sommarie e superficiali.

Inoltre si cercò di presentare i processi intentati dai magistrati come iniziative mosse da interessi politici e deliberatamente rivolte a danneggiare determinati esponenti politici: accusa, questa, gravissima (perché metteva in questione l'obiettività e l'indipendenza dei magistrati), ma clamorosamente contraddetta dal fatto che *tutti* indistintamente i partiti s'erano trovati, in varia misura, coinvolti in inchieste giudiziarie e che pertanto uomini di tutti i partiti erano stati variamente inquisiti dalla magistratura (sia pur con esiti diversi, poiché non tutti i processi offrono prove sicure e inconfutabili di colpevolezza).

Si accusò altresì (e tuttora si accusa) la magistratura di non essersi mossa prima del 1992, nonostante che la corruzione fosse già diffusa da molti anni. Ma l'accusa è infondata sotto due profili:

- primo, perché già fin dal 1983 la magistratura era intervenuta non appena le erano giunte accuse attendibili a carico di politici corrotti (a Torino il processo denominato Zampini dal nome del principale accusatore aveva portato alla condanna del vicesindaco di Torino e di altri politici coinvolti; a Savona il processo Teardo aveva portato alla condanna di altri politici per fatti di corruzione);

- secondo, perché la magistratura non può muoversi se non le pervengono denunce che abbiano qualche parvenza di fondatezza; fino al 1992 quella situazione si era verificata molto raramente, data la cortina di omertà che circondava il fenomeno della corruzione. Proprio nel febbraio 1992 si verificò una situazione completamente nuova, poiché per un fortunato complesso di circostanze un politico milanese, Mario Chiesa, venne colto "con le mani nel sacco" e, non avendo scampo, cominciò a far nomi offrendo ai pubblici ministeri della Procura di Milano molteplici piste di indagine e un materiale probatorio sicuro e inattaccabile, che andò rapidamente crescendo e consentì di inchiodare un buon numero di corrotti e di corruttori alle loro responsabilità. La ragione fondamentale della svolta fu dunque questa: la rottura degli argini dell'omertà[13].

27. Una sospetta azione di contenimento nei confronti della magistratura

Nel quadro dell'offensiva contro la magistratura, anche i progetti di riforma delle istituzioni e di revisione della Costituzione vennero indirizzati nel senso di ridurre i poteri dei pubblici ministeri e nel senso di introdurre modifiche procedurali non certo orientate a rendere più spediti i processi, ma anzi congegnate in modo da rallentare i processi e da favorire la prescrizione dei reati (ricordiamo che un imputato che

---

[13] Per una lucida disamina di questi problemi può vedersi M. MADDALENA, *Meno grazia e più giustizia*, Donzelli, Roma, 1997. Non condivido tutto ciò che è scritto in quel libro, ma esso contiene molte verità, esposte con incisiva franchezza, con rigore argomentativo e con ricchezza di documentazione.

sappia di essere colpevole non ha mai interesse ad un processo rapido, poiché qualsiasi lungaggine gioca a suo favore, sia nel far maturare i termini di cessazione della custodia cautelare, sia nel far maturare il termine di prescrizione del reato). Vi fu chi propose persino di introdurre in Italia il modello anglosassone, in cui i pubblici ministeri dipendono dal governo (e quindi non hanno indipendenza dal potere politico) e in cui l'azione penale[14] non è obbligatoria, bensì è rimessa ad una scelta discrezionale del pubblico ministero (il che rende più facili le pressioni dei politici sul magistrato e comporta, oltre tutto, gravi disparità di trattamento nell'applicazione della legge)[15].

Quel modello, già discutibile in riferimento alla cultura anglosassone (peraltro intrisa di profondo rispetto verso le istituzioni giudiziarie), è assolutamente inadatto alle gravi emergenze criminali che travagliano il nostro Paese (criminalità organizzata, rigurgiti di terrorismo, crescente delinquenza di ogni tipo, vastissimo sommerso di corruzione ecc.) e alla cultura giudiziaria che lo caratterizza: una cultura nella quale si considera normale che un esponente politico attacchi i magistrati con la già ricordata violenza verbale, che ogni indagato accusi immancabilmente i magistrati di un "complotto" ai suoi danni, e che i mass media anticipino i processi giudiziari imbastendo dibattiti televisivi in cui si scontrano tesi innocentiste e tesi colpevoliste, e in cui si scimmiottano i processi sulla base del "sentito dire", senza avere gli elementi per discutere il caso con la cognizione di causa che ne hanno i tribunali.

Le repliche dei magistrati a quella violenta campagna, seppur giuste e pienamente comprensibili, non sempre furono opportune nella

---

[14] L'azione penale è l'attività con cui il pubblico ministero (di cui ho parlato nella nota 12) esercita la pretesa punitiva dello Stato nei confronti di chi sia indiziato di aver commesso un reato: tale attività si concreta nel contestare all'indiziato stesso un capo di imputazione che specifichi quale reato gli viene addebitato e nella richiesta al giudice competente di pronunciarsi in ordine a quella imputazione.

[15] Per una concisa sintesi di quella offensiva può vedersi A. PIZZORUSSO, *La Magistratura nella situazione politica italiana*, in «Foro Italiano», Roma, 1997, V parte, colonna 113.

Purtroppo la mentalità indotta dal diffuso malcostume è portata a non credere all'indipendenza e a cercare sempre dei secondi fini nell'attività professionale del magistrato.

Interessanti sono, in proposito, le considerazioni svolte da G. COLOMBO, *Il vizio della memoria*, Feltrinelli, Milano, 1997, pagg.54 e segg.

forma e a volte servirono, purtroppo, ad inasprire le polemiche[16]. Io sono sempre stato d'opinione che un dignitoso silenzio, accompagnato da un impegno a tutto campo nel proprio lavoro, sia preferibile a reazioni polemiche (stizzite o pacate che siano). Un magistrato che indaga ha ottimi motivi per mantenere il più assoluto riserbo di fronte a domande indiscrete che riguardano il suo lavoro di indagine e che tendono a fargli anticipare valutazioni, previsioni, giudizi; e un giudice che abbia emanato un provvedimento ha già parlato attraverso la motivazione di quel provvedimento (essendo il giudice obbligato ad esporre per iscritto i motivi che lo hanno portato a decidere in un modo piuttosto che in un altro). Ritengo quindi che ogni altro modo di spiegarsi (articoli, interviste, dichiarazioni di vario tipo) sia improprio e da evitare.

Comunque, è innegabile che il magistrato ha il diritto, come ogni cittadino, di esprimere liberamente il proprio pensiero, anche sulle proposte di riforma che riguardano la giustizia; né può ravvisarsi uno sconfinamento di poteri nel semplice difendere l'indipendenza della magistratura attraverso la critica di progetti di riforma che potrebbero compromettere quella indipendenza o che potrebbero danneggiare la funzionalità e l'incisività dell'apparato giudiziario. Anzi, una critica è tanto più utile ed efficace quando proviene da chi ha diretta esperienza della materia di cui si discute: ferma ed incontestabile restando, beninteso, la esclusiva competenza del Parlamento a legiferare, dopo aver vagliato l'opinione di tutti, nel modo che riterrà più consono all'interesse della collettività.

Sarebbe, peraltro, opportuno che i magistrati esponessero i propri punti vista sulle predette materie non intervenendo come singoli (spesso in disorientante polemica fra loro), bensì come categoria, esprimendosi attraverso pronunciamenti di organi qualificati (come - a diverso livello - il Consiglio Superiore della Magistratura e l'Associazione Nazionale Magistrati Italiani), previo dibattito e confronto all'interno della categoria stessa.

---

[16] Per alcune critiche a talune prese di posizione di magistrati può vedersi ciò che ha detto un magistrato, Elena Paciotti: E. PACIOTTI, *Principi democratici, opinione pubblica e controllo di legalità*, in «*Questione Giustizia*», Milano, 1996, fasc. n.1, pagg.1-8.

Le roventi polemiche hanno, purtroppo, raggiunto qualche risultato: il consenso che aveva accompagnato l'azione della magistratura si è un po' raffreddato; la collaborazione di coimputati e testi è diminuita; la corruzione ha ripreso quota, sia pur in forme più caute, più mimetizzate, più sofisticate; la voglia di legalità ha subìto un calo e ad essa è subentrata una fatalistica rassegnazione, esprimente una sorta di resa di fronte alla sperimentata impossibilità di sradicare il marcio e di cambiare il costume. E i processi sono diventati più lenti e problematici, paralizzati da un ipergarantismo che - come ben dice Sergio Zavoli - fa leva sulle garanzie del processo, "ma estenuandone la logica fino a snaturarle"[17].

Ma con queste considerazioni su «Tangentopoli» siamo entrati in una nuova area di riflessioni: quella relativa alla crisi della legalità. E la crisi della legalità sarà l'argomento specifico di un altro capitolo.

---

[17] S. ZAVOLI, *op. cit.*, pag. 374.

Capitolo III
Legalità e obiezione di coscienza

28. Legge e coscienza

Abbiamo visto nei capitoli precedenti che può verificarsi il caso che una legge sia ingiusta[1]. Ciò può avvenire anche in uno Stato democratico: invero la "giustizia" di una legge non deriva automaticamente dal solo fatto di essere votata da una maggioranza; e l'esistenza di una legge ingiusta - sia pur essa votata democraticamente - coinvolge direttamente la coscienza del cittadino. Gandhi ebbe a dire, molto drasticamente ma molto efficacemente: "Nelle questioni di coscienza la maggioranza non c'entra".

Ed allora ecco emergere, di fronte alla legge, la coscienza. Abbiamo già fatto riferimento ad essa parlando del lavoro del giudice. Ma ora la coscienza ci interessa da un punto di vista più generale, che tocca ogni individuo e i suoi rapporti con la legge.

Che cos'è questa misteriosa realtà della coscienza? È la struttura portante della persona. È ciò che fa sì che io sia un individuo pensante anziché un animale d'altro tipo; e, nell'ambito dell'umano, fa sì che io sia *io* e non *un altro*.

"Coscienza" deriva dal latino *cum-scire*, che significa «sapere-con».

«Sapere-con» è, anzitutto, «sapere-con-se-stesso», cioè sapere di essere, avere consapevolezza di sé, del proprio esistere. Tra gli esseri viventi la persona umana è l'unica ad avere piena consapevolezza di sé, cioè ad avere una "coscienza psicologica". Fuori dei confini di quella "coscienza psicologica" c'è la realtà dell'inconscio, che è simile all'enorme base sommersa di un immenso *iceberg* la cui parte emergente rappresenta, appunto, l'«io» cosciente.

La consapevolezza di sé si esprime anche come consapevolezza dell'esistenza degli altri e del rapporto con essi, perché l'essere umano - come già ho ricordato[2] - si struttura psicologicamente proprio attraverso la relazione con gli altri: il "con" acquista quindi una valenza sociale.

---

[1] V. retro par.5.
[2] V. retro par.2.

Ma «sapere-con» è anche, e soprattutto, «sapere con-frontando», cioè mettere a confronto la realtà e i comportamenti con una "tavola di valori", e distinguere ciò che è bene e ciò che è male nel rapporto con se stesso, nei rapporti con gli altri e, per il credente, nei rapporti con Dio. Quella entità confrontante e valutante è la *coscienza etica*, o *coscienza morale*.

Questi due aspetti della coscienza (l'aspetto psicologico e l'aspetto etico) vengono un po' appiattiti e quasi confusi, nella lingua italiana, per il fatto che essi vengono indicati con l'uso del medesimo vocabolo «coscienza». Da più parti è stato opportunamente rilevato che la lingua tedesca è più ricca e articolata, poiché usa due termini distinti per indicare i due predetti tipi di coscienza: in tedesco il termine *Bewusstsein* indica la coscienza come consapevolezza di sé (coscienza psicologica), mentre il termine *Gewissen* indica la coscienza come sapere etico (coscienza morale).

La coscienza morale è quella che qui ci interessa specificamente. Essa interiorizza i valori, li ordina in una gerarchia, costruisce delle regole. È, in un certo senso, legislatore. A questo proposito, uno dei più autorevoli studiosi italiani di questo argomento, Rinaldo Bertolino, ha parlato di "microordinamento normativo della coscienza", di *lex poli* («legge della stella polare», cioè del punto di riferimento fondamentale) contrapposta alla *lex fori* («legge del foro», cioè legge positiva, legge della cui applicazione si discute nei tribunali, nel foro, dove gli avvocati esprimono i punti di vista dei propri clienti e dove i giudici celebrano i processi e pronunciano le loro sentenze in applicazione della legge dello Stato)[3].

Ora, quando la persona ha interiorizzato (cioè ha fatto propria) una determinata tavola di valori, obbedire a quei valori è, per essa, un doveroso atto di coerenza verso se stessa. Se tradisce quella tavola di valori, l'uomo entra in conflitto con se stesso: in un certo senso, diventa un altro, spacca la propria identità. E sperimenta conseguentemente un profondo disagio interiore: il disagio che nasce dalla consapevolezza di non essere coerente con se stesso.

Sotto questo profilo, la coscienza morale esercita anche funzioni di giudice: quando si parla di "voce della coscienza" o di "rimorso" ci si

---

[3] R. BERTOLINO, *L'obiezione di coscienza*, in «*Il diritto ecclesiastico*», Milano, 1983, pag.324.

riferisce proprio all'intimo disagio che scaturisce dal non essere in pace con se stessi, dall'aver agito in contrasto con i dettami della propria coscienza[4]. Infatti la coscienza dà indicazioni operative in ordine ad un'azione da compiere e formula un giudizio di bene o di male su un'azione compiuta. Nella tavola di valori e nei giudizi della coscienza il credente avvertirà la presenza di Dio creatore, la sua progettualità, il suo esplicitare delle regole che scaturiscono dalla struttura stessa dell'uomo e che sono orientate a garantirne la crescita a tutti i livelli; il non credente farà esperienza di una razionalità che è connaturale all'uomo e che tende ad armonizzare la spinta al perseguimento di fini egoistici con le esigenze poste dai fini altruistici.

C'è, insomma, una impossibilità etica di essere, nel medesimo tempo, se stesso e un altro.

Certo, non bisogna trascurare che la coscienza è una realtà complessa: non tutto, in essa, è trasparenza e autonomia. Essa risente fortemente della complessità della persona umana, radicata in una "storia" e quindi esposta ad innumerevoli condizionamenti.

Detto questo, appare chiaro che il rapporto tra autorità della legge e rispetto dei valori di cui la coscienza è portatrice è un rapporto che si trova perennemente in un difficile equilibrio dinamico. Infatti, se da un lato è fondamentale interesse dello Stato l'obbedienza dei cittadini alla legge positiva, dall'altro lato è interesse dello Stato democratico governare i processi sociali con il consenso dei cittadini; e il consenso dei cittadini è tanto più convinto quanto più le istituzioni sono vissute come non oppressive dei valori e dei convincimenti più intimi della coscienza.

Ecco allora emergere il fenomeno dell'obiezione di coscienza alla legge e il conseguente problema, per lo Stato, dell'atteggiamento da assumere nei confronti di quel fenomeno.

29. Che cos'è l'obiezione di coscienza?

Vien chiamato «obiezione di coscienza» l'atteggiamento di colui che rifiuta di obbedire ad un comando dell'autorità, ad un imperativo

---

[4] La sanzione morale del "rimorso" è stata analizzata, in rapporto ad altri tipi di sanzione, da N. BOBBIO, *Teoria della norma giuridica* (citato nella nota 3 del Cap.I), pagg.189 e segg.

giuridico, invocando, in nome della propria coscienza, l'esistenza di un'altra norma (non giuridica) che gli vieta di tenere il comportamento prescritto o gli impone di tenere il comportamento vietato.

Faccio un esempio, che ricavo dalla storia italiana del Novecento. Il regime fascista impose a tutti i docenti universitari di prestare giuramento di fedeltà al regime, pena la perdita del posto di lavoro. Molti professori prestarono il giuramento prescritto. Alcuni (Francesco Ruffini, Gaetano Salvemini, Piero Martinetti, Gaetano De Sanctis e pochi altri) rifiutarono, affermando che essi erano uomini di convinzioni democratiche, erano oppositori del regime fascista e quindi non avrebbero potuto, in coscienza, prestare il giuramento imposto dalla legge, poiché giurando avrebbero rinnegato i valori e i principi in cui credevano.

Si trattò di un'obiezione di coscienza nel pieno senso della parola: veniva invocata una norma etica per rifiutare obbedienza ad una norma giuridica che violava le profonde convinzioni di coscienza del cittadino. Il regime fascista rispose con un atteggiamento di drastica repressione e i professori che avevano obiettato persero il posto all'università.

La parola «obiezione» deriva dal latino *obicere*, che significa «gettare contro», «contrapporre». Fare un'obiezione ad un conferenziere significa contrapporre agli argomenti che egli ha sviluppato altri argomenti sviluppati da chi obietta. Si tratta, qui, di una obiezione di carattere intellettuale, argomentativo. Ma quando l'obiezione attiene alla condotta da tenere, alla vita da vivere, ai valori da praticare, l'obiezione ha radici più profonde, che toccano la coscienza del singolo: l'*obicere* acquista carattere esistenziale e diventa obiezione *di coscienza*. Alla legge scritta (quella emanata dai poteri dello Stato o di altre istituzioni giuridiche) l'obiettore contrappone la legge non scritta, cioè la legge che attiene alla sfera etico-religiosa e ai convincimenti più profondi della coscienza del singolo.

30. Esempi di obiezione di coscienza offerti dalla storia dell'umanità

Il conflitto tra quei due tipi di legge (tipi che si ricollegano alla già ricordata distinzione tra *lex poli* e *lex fori*) ha accompagnato la storia dell'uomo ed ha caratterizzato i momenti più alti della vicenda umana.

Il problema dell'obiezione di coscienza era già presente nell'antichità: si pensi all'episodio biblico - narrato in Esodo I, 13-21 - dell'obiezione di coscienza sollevata dalle levatrici Sifra e Pua contro l'ordine disumano del Faraone d'Egitto di uccidere tutti i bimbi maschi ebrei nell'atto in cui nasceranno; o all'obiezione di Antigone all'ordine del tiranno Creonte, obiezione su cui Sofocle ha incentrato la sua bellissima tragedia *Antigone*[5]; o al grande insegnamento filosofico di Socrate, quale emerge specialmente dal *Critone* di Platone[6].

Il conflitto tra legge e coscienza diventa particolarmente vivo e vasto con la comparsa del Cristianesimo. «La legge è in funzione dell'uomo e non l'uomo in funzione della legge»: questa è la sostanza profonda della famosa affermazione «Il sabato è fatto per l'uomo e non l'uomo per il sabato», con cui Cristo contesta il formalismo farisaico che pretendeva di interpretare la legge del riposo nel giorno di sabato (giorno che doveva, per legge ebraica, essere dedicato al culto e alla preghiera, con divieto di svolgere attività lavorative) in un senso esasperatamente rigoristico, vietando persino di guarire un malato o di aiutare una persona in difficoltà. Il capovolgimento di prospettiva che Cristo opera è, in realtà, un raddrizzamento di prospettiva, che pone al primo posto l'uomo, la sua persona, la sua coscienza. La società, il potere, le leggi, le istituzioni devono essere a servizio dell'uomo, e non viceversa.

In nome del primato della coscienza, proclamato dal loro Signore, i cristiani dei primi secoli contestano la struttura sacrale e teocratica dell'Impero Romano e respingono la sua pretesa di dominare le loro coscienze e di imporre loro una fede religiosa che essi non

---

[5] Mi si potrebbe obiettare che l'*Antigone* è un'opera poetica e quindi non riguarda un caso storico di obiezione di coscienza. Non nego la validità dell'osservazione. Affermo, però, che se Sofocle poté dar vita poetica alla figura di Antigone (la ragazza che, obbedendo alle norme religiose del tempo, dà sepoltura alla salma del proprio fratello Polinice, oppositore politico di Creonte, disobbedendo all'ordine del tiranno di non dare sepoltura alle salme dei suoi oppositori politici), ciò poté avvenire perché la tematica dell'obiezione di coscienza era profondamente radicata nella cultura greca dell'epoca.

[6] In proposito può leggersi il saggio di P. PIOVANI, *Per una interpretazione unitaria del Critone*, riportato in *Obbedienza e disobbedienza civile. Il Critone di Platone*, a cura di M. Girotto Bevilacqua, Paravia, Torino, 1992.

condividono. Le persecuzioni che caratterizzano i primi secoli dell'era cristiana con l'uccisione di fitte schiere di martiri costituiscono la reazione dell'Impero Romano alla irriducibile intransigenza dei cristiani su quel punto essenziale del messaggio di Cristo.

E quando, verso la fine del terzo secolo, nell'impero romano il servizio militare (che fino ad allora era stato volontario) diventa obbligatorio, tra le contestazioni sollevate dai cristiani contro le leggi romane si inserisce anche l'obiezione di coscienza al servizio militare: taluni cristiani rifiutano quel servizio, sia perché l'esercito romano è espressione della struttura sacrale dell'impero (l'arruolamento comporta obbligatoriamente un atto di culto nei confronti dell'imperatore e degli idoli della religione romana), sia perché l'esercito romano è una struttura finalizzata alla violenza e quindi in contrasto con il messaggio d'amore annunciato da Cristo. Tra quei primi obiettori all'esercito ci sono martiri cristiani di varia età ed estrazione: Massimiliano, Marcello, Giulio, Marino, Tipasio ecc. che obiettano a costo della vita, poiché la pena per quel rifiuto è la pena di morte.

Ma anche nei secoli successivi il primato della coscienza avrà i suoi forti e convinti assertori. Ricordo la straordinaria esperienza di Francesco d'Assisi che, in piena epoca di crociate, nel 1219, parte disarmato alla volta del Medio Oriente per incontrare il capo dei musulmani e stabilire un dialogo con lui (incontrerà a Damietta il sultano d'Egitto, Malek-el-Kamel, il quale resterà molto colpito da quel piccolo uomo di pace). Ricordo che due anni dopo, nel 1221, una bolla papale di Onorio III autorizza il vescovo di Rimini a prendere le difese di gruppi di obiettori di Faenza e di altre città della zona che, in nome della fede cristiana, rifiutano l'arruolamento imposto dalle rispettive autorità comunali: il documento è particolarmente interessante perché prova l'esistenza, nel Duecento, di un vasto movimento di obiezione al servizio militare, che si sviluppa in concomitanza con la grande fioritura religiosa innescata dal francescanesimo e dai movimenti penitenziali.

Ricordo ancora che nel Cinquecento Thomas More, cancelliere alla corte del re Enrico VIII d'Inghilterra, per non tradire la propria coscienza di cattolico rifiuterà di prestare giuramento di fedeltà al re, autoproclamatosi capo della nuova chiesa anglicana da lui stesso fondata, e con quel rifiuto rinuncerà alla propria brillantissima carriera e affronterà con immenso coraggio e serena consapevolezza un duro processo e una condanna a morte. E nelle chiese cristiane riformate (valdesi, luterani, anabattisti, quaccheri, mennoniti ecc.) verrà coltivata e sviluppata, con impegno e convinzione, una tradizione di nonviolenza che alimenterà una ferma obiezione di coscienza alla violenza, alla guerra, al servizio militare.

Anche in campo "laico" (intesa qui l'espressione nel significato di cultura che non accetta la trascendenza o che quanto meno è agnostica di fronte alla fede professata dalle chiese cristiane) vasti movimenti di pensiero svilupperanno con impegno e passione la tematica della pace, dell'obiezione di coscienza, della disobbedienza civile: basti pensare al geniale saggio di Kant sulla pace perpetua[7], agli scritti del nordamericano David Henry Thoreau (il primo ad usare l'espressione "disobbedienza civile"), alle opere di Lev Tolstoj sulla nonviolenza, al pensiero e all'azione di Gandhi (il grande pensatore indù che costrinse alla resa il colonialismo inglese in India, puntando su una vasta, generalizzata e compatta disobbedienza civile del popolo indiano) ecc.[8]

31. Obiezione di coscienza e democrazia

Certo, una convivenza civile non può reggersi soltanto sui dettami della coscienza individuale. Deve porsi delle regole valide per tutti; deve esprimere - come abbiamo visto - un ordinamento giuridico. E il metodo più consono ad una società di persone per esprimere un ordinamento giuridico è il metodo democratico.

E qui sorge il problema più delicato. Come si armonizza l'obbedienza alla propria coscienza morale (e quindi l'eventuale obiezione di coscienza) con il metodo democratico? Ammettere l'obiezione di coscienza contro una legge ingiusta imposta da uno Stato totalitario è cosa di immediata evidenza logica, che non pone particolari problemi; ma ammettere l'obiezione di coscienza ad una legge democraticamente formatasi non significa forse sconfessare la democrazia? La legge democraticamente posta non dovrebbe essere

---

[7] I. KANT, *Per la pace perpetua*, Editori Riuniti, Roma, 1985. Ricordo che tale scritto contiene, fra l'altro, la drastica ma motivata affermazione secondo cui «gli eserciti permanenti devono col tempo scomparire interamente» (ivi, pag.5).

[8] Per più ampi ragguagli sulla appassionante storia dell'obiezione di coscienza attraverso i secoli può vedersi: R. VENDITTI, *L'obiezione di coscienza al servizio militare*, Giuffrè, Milano, 1994, pagg.35-82.

vincolante per tutti? Ed allora perché qualcuno potrebbe negarle obbedienza in nome della propria coscienza?

A me sembra che il dilemma, per chi non segua concezioni positivistiche che facciano dello Stato e delle sue leggi ordinarie un "assoluto", sia un dilemma soltanto apparente.

Già ho detto che la "giustizia" di una legge non deriva dal solo fatto di essere stata votata da una maggioranza. Ci può essere una legge, votata dalla maggioranza, che la coscienza ritiene non giusta alla luce dei miei principi, della mia tavola di valori. A quella legge io posso e devo obiettare: s'intende, assoggettandomi lealmente e democraticamente alle conseguenze che tale obiezione comporta.

È stato detto, giustamente, che i valori di coscienza, nella misura in cui sono costituzionalmente protetti, sono sottratti, tendenzialmente, alla dialettica maggioranza- opposizione; tale dialettica, infatti, è interna alla sfera politica, mentre i valori di coscienza appartengono, piuttosto, al raccordo problematico tra sfera politica e sfera morale[9].

Imperatività della legge e rispetto dei valori della coscienza: un rapporto - abbiamo detto - in difficile equilibrio dinamico tra l'interesse dello Stato all'obbedienza alla legge e l'interesse dello Stato democratico a governare i processi sociali con il consenso dei cittadini.

L'obiezione di coscienza è, in un certo senso, un recupero della democrazia a livello più profondo. Se democrazia è centralità della persona umana e dei valori di cui essa è portatrice, qui davvero la democrazia tocca le sue radici più profonde. Al punto da potersi affermare che il problema dell'obiezione di coscienza è, forse, il problema "tipico" dell'ordinamento democratico[10]. Tant'è vero che molti Stati democratici hanno fatto un passo estremamente significativo: hanno riconosciuto talune forme di obiezione di coscienza, facendole uscire dall'ambito della illegalità e introducendole nell'ambito della legalità, cioè riconoscendole come legittime.

---

[9] S. PRISCO, *Fedeltà alla Repubblica e obiezione di coscienza. Una riflessione sullo Stato "laico"*, Jovene, Napoli, 1986, pag.61.
[10] A. PIGLIARU, *Promemoria sull'obiezione di coscienza*, in *Scritti in memoria di W. Cesarini Sforza*, Milano, 1968, pag.650. Si parla dell'obiezione di coscienza come di una delle figure di resistenza intraordinamentale: così F. M. DE SANCTIS, *Resistenza (diritto di)*, in *Enciclopedia del diritto*, Giuffrè, Milano, vol.XXXIX, 1988, pagg.994 e segg., il quale fa molteplici riferimenti al pensiero di Rawls e di Dworkin.

In Italia, ad esempio, tre sono le forme di obiezione di coscienza riconosciute espressamente dalla legge e quindi considerate lecite: l'obiezione di coscienza all'uso delle armi in ogni circostanza e quindi al servizio militare (legge 15 dicembre 1972 n.772), l'obiezione di coscienza del medico e del personale sanitario alla interruzione volontaria della gravidanza (legge 22 maggio 1978 n.194), l'obiezione di coscienza alla sperimentazione su animali vivi (legge 12 ottobre 1993 n.413).

Ciò significa che il cittadino, il quale per imprescindibili motivi di coscienza rifiuti l'uso delle armi in ogni circostanza, può chiedere di essere ammesso a prestare un servizio civile alternativo, in sostituzione del servizio militare che lo addestrerebbe all'uso delle armi; e un medico, il quale sia convinto che procurare volontariamente un aborto costituisca uccisione di un essere umano che già esiste con tutte le sue caratteristiche e le sue potenzialità inconfondibili di individuo umano, può sollevare obiezione di coscienza ed ottenere di essere dispensato dal partecipare obbligatoriamente ad una interruzione volontaria della gravidanza; e uno sperimentatore scientifico che sia, in coscienza, contrario alla sperimentazione su animali vivi, può sollevare obiezione di coscienza a tale tipo di sperimentazione ed evitare di essere obbligato a parteciparvi.

L'obiezione di coscienza è problema talmente importante che la legge italiana riconosce una sorta di obiezione di coscienza persino al giudice, che pur è tenuto - per i suoi compiti istituzionali - ad applicare la legge. Infatti, quando un giudice è convinto, in coscienza, che una legge ordinaria sia in contrasto con un principio fondamentale sancito dalla Costituzione italiana, può sospendere un determinato processo nel quale quella legge ordinaria dovrebbe essere applicata e può rifiutarsi di applicarla, sollevando la questione di legittimità costituzionale e rimettendo la decisione della questione stessa alla Corte costituzionale, unica competente a stabilire se una legge ordinaria sia conforme o no alla Costituzione. E se la Corte costituzionale riterrà fondata la questione, dichiarerà incostituzionale la legge denunciata e questa cesserà immediatamente di avere efficacia.

Quindi la coscienza del giudice ha l'immenso potere di provocare, attraverso il meccanismo di cui ho detto, la cancellazione di una legge: una cancellazione che ha validità per tutto il territorio dello Stato.

S'intende che se la Corte costituzionale non riterrà che quella legge sia contraria alla Costituzione, il giudice dovrà applicarla, in adempimento delle sue funzioni di organo dello Stato, a cui è devoluta, appunto, l'applicazione delle leggi[11].

32. Una contraddizione superabile

Che la *legge* riconosca come lecita l'obiezione di coscienza *alla legge* può apparire contraddittorio. Può apparire, anzi, una contraddizione insanabile.

È stato detto che riconoscere l'obiezione di coscienza significa, per l'ordinamento giuridico, confessare la propria insicurezza[12]. Ma, sotto tale profilo, non mi pare affatto negativo né intollerabile che uno Stato confessi la propria insicurezza.

Lo Stato - già lo abbiamo detto e ripetuto - non è un "assoluto". E tutte le volte in cui uno Stato si è considerato tale ed ha agito nella convinzione di essere una realtà suprema, portatrice di verità assolute e svincolata da qualsiasi autorità o norma superiore, ne sono sempre derivate calamità immense, dittature, assolutismi, oppressione, negazione dei diritti dell'uomo.

Ben venga, dunque, l'insicurezza, che è senso dei propri limiti, ascolto dei dissenzienti, attenzione all'uomo concreto e alla problematicità delle questioni che lo riguardano.

Sotto tale profilo, il riconoscimento dell'obiezione di coscienza da parte del legislatore - lungi dall'essere una insuperabile contraddizione - costituisce un segnale che l'ordinamento giuridico esprime circa la possibilità di cambiamento della norma obiettata; attraverso quel riconoscimento, l'istituzione statuale proclama implicitamente che la normativa obiettata ha un intrinseco carattere di transitorietà e che è destinata ad essere superata (magari in tempi lunghi o lunghissimi) attraverso una crescita qualitativa del livello etico e

---

[11] Per ulteriori considerazioni sull'applicazione della legge da parte del giudice cfr. R. VENDITTI, *Giustizia come servizio all'uomo* ecc. (citato nella nota 6 del Cap.II), pag.15.

[12] S. SPINSANTI, *Vita fisica*, in AA.VV., *Corso di morale*, Queriniana, Brescia, vol.II, 1983, pag.164.

attraverso la maturazione della collettività a valori più profondi e a un'organizzazione sociale più articolata e più vicina ai concreti problemi di ogni persona facente parte della collettività stessa.

Questa verità era stata acutamente intuita da Don Lorenzo Milani, fondatore e animatore della famosa "scuola di Barbiana", il quale ebbe a dire, con l'incisività che gli era caratteristica, che la scuola è l'arte delicata di condurre i ragazzi "sul filo di un rasoio": da un lato per formare in loro il senso della legalità; dall'altro per far maturare la volontà di cambiare le leggi, rendendole migliori e più giuste[13].

È stato anche affermato che lo Stato, nel consentire al cittadino la possibilità di obiettare lecitamente a talune norme, riconosce di non poter essere totalizzante, non solo perché non chiede un'adesione incondizionata della coscienza del singolo alla legge, ma anche perché non esige da tutti e in tutti i casi lo stesso comportamento esteriore, quando quest'ultimo dovesse significare, per il soggetto, contravvenire a quei doveri ai quali egli si sente obbligato per motivi inalienabili di eticità[14]. Sotto tale profilo l'obiezione di coscienza rettamente intesa non diminuisce, bensì rafforza, il senso della legalità: la legge dello Stato, infatti, non può essere un'imposizione violentatrice della coscienza: deve essere, invece, uno strumento reale di crescita umana dei singoli e della società.

È evidente, comunque, che la possibilità, da parte dello Stato, di riconoscere con legge ordinaria l'obiezione di coscienza incontra dei

---

[13] L. MILANI, *L'obbedienza non è più una virtù*, Libreria Editrice Fiorentina, Firenze, 1983, pag.36.
Come è noto, Don Milani era parroco di Barbiana, un minuscolo paese del Mugello in cui esisteva solo la scuola elementare e i ragazzi non proseguivano gli studi. Don Milani si mise allora a fare il maestro per i suoi ragazzi, impostando una scuola media esigente ed originalissima, con l'intento di far crescere i ragazzi come uomini e come cittadini. Lo scritto sopra citato nacque in seguito ad un processo per apologia di reato, promosso contro Don Milani dalla Procura della Repubblica di Firenze per avere egli difeso gli obiettori di coscienza al servizio militare in risposta ai cappellani militari della Toscana, i quali avevano definito l'obiezione di coscienza come "espressione di viltà". Don Milani non poté presentarsi al processo perché già molto malato della malattia tumorale che lo portò a morte poco tempo dopo, e pertanto, nell'ottobre 1965, inviò ai giudici del Tribunale una autodifesa scritta, che venne poi pubblicata con il titolo anzidetto.
[14] CEI - Commissione "Giustizia e pace", *Educare alla legalità*, in *Il Regno-Documenti*, Bologna, 1991, pag.486-487.

limiti, per così dire, strutturali tutte le volte che la legge tutela dei beni di importanza essenziale e di rilevanza costituzionale.

Per esempio, non c'è obiezione di coscienza che tenga di fronte alla norma che vieta e punisce il reato di sequestro di persona o alla norma che vieta il reato di omicidio: norme entrambe che tutelano beni (come la libertà personale o la vita) che hanno rilevanza costituzionale. E così pure: un obiettore al servizio militare che rifiutasse anche il servizio civile sostitutivo si porrebbe fuori del quadro costituzionale, poiché si sottrarrebbe all'adempimento del dovere di difesa che l'art.52, 1° comma della Costituzione pone a carico di ogni cittadino (come è noto, il dovere di difesa è inderogabile e può essere adempiuto sia attraverso modalità di difesa armata, sia - per gli obiettori - attraverso modalità di difesa non armata)[15].

33. Uno sguardo planetario sull'obiezione di coscienza al servizio militare

D'altronde va ricordato che l'obiezione di coscienza al servizio militare non è un fenomeno locale, limitato all'Italia[16]. È un fenomeno che ha interessato e che interessa innumerevoli Stati del mondo: tanto che parecchi Stati sono giunti da tempo (e molto prima dell'Italia) a riconoscere nella loro legislazione l'obiezione di coscienza al servizio militare e a consentire agli obiettori di prestare un servizio civile alternativo a quello militare.

Il primo caso di riconoscimento ufficiale si ebbe in Olanda nel 1575: l'Olanda era la patria del fondatore dei mennoniti (Menno Simons, vissuto tra il 1496 e il 1561), ed è quindi spiegabile che la diffusione di quella confessione, sviluppatasi appunto in Olanda e ferma assertrice della nonviolenza, abbia costretto le autorità olandesi a riconoscere gli obiettori mennoniti e a consentir loro di sostituire il

---

[15] Lo ha detto una sentenza della Corte costituzionale (24 maggio 1985 n.164). Per approfondimenti sul punto può vedersi: R. VENDITTI, *L'obiezione di coscienza* ecc. (citato nella nota 8), pagg.15-21. Più in generale sulla difesa non armata: R. VENDITTI, *La difesa popolare nonviolenta: nozione, storia, esempi concreti. Aperture dell'ordinamento giuridico italiano*, Edizioni Centro Eirene, Bergamo, 1996.

[16] Dopo il 1998, anno di prima pubblicazione del presente testo, la disciplina in materia di obiezione di coscienza al servizio militare e il servizio militare stesso si sono evoluti [N.d.R.], come accennato nella nota 21.

servizio alle armi con un servizio di vigilanza territoriale e di costruzione di fortificazioni.

Anche gli Stati del Nordamerica si trovarono prestissimo alle prese con la realtà dell'obiezione al servizio militare sollevata da confessioni religiose protestanti, come quelle dei quaccheri, degli anabattisti, dei mennoniti ecc.. Il primo Stato degli USA ad emanare una legge di riconoscimento fu la Pennsylvania nel 1757; seguirono lo Stato di New York (per i soli quaccheri), lo Stato del Maine (per i quaccheri e gli shakers) ecc.

In Francia il problema, già vivo nel Seicento, venne alla ribalta nel 1793 in occasione della legge che riorganizzava il servizio militare e chiamava alle armi 300.000 cittadini. La forte opposizione degli anabattisti costrinse le autorità francesi a prendere atto dell'obiezione di coscienza e ad esonerare dal servizio militare gli anabattisti stessi. La Russia ammise, nel 1875, i mennoniti a prestare servizio alternativo nei vigili del fuoco.

Svezia, Norvegia, Danimarca, Canada, Gran Bretagna, Australia, Nuova Zelanda arrivarono al riconoscimento nel primo ventennio nel Novecento. La Finlandia nel 1922. Altri Paesi, come l'Austria e la Germania Federale (oggi unificata con la Germania orientale, la ex DDR), ci arrivarono subito dopo la seconda guerra mondiale. Altri ancora assai più tardi: la Francia nel 1963, il Belgio nel 1964, l'Italia nel 1972, la Spagna nel 1978 (anno a cui risale la Costituzione democratica che ammette l'obiezione: ma la legge regolatrice venne emanata nel 1984), il Portogallo nel 1985[17].

I Paesi dell'Est europeo rimasero, fino al 1989, pressoché impenetrabili all'idea di riconoscere l'obiezione di coscienza al servizio militare. E ciò è perfettamente spiegabile perché quegli Stati facevano parte di un blocco di Stati totalitari (il blocco sovietico); e l'ideologia dello Stato totalitario è incompatibile con i diritti umani e quindi con il rispetto della coscienza del cittadino[18]. Dopo la grande rivoluzione del

---

[17] Per una dettagliata documentazione circa le varie legislazioni può vedersi: G. GIANNINI, *L'obiezione di coscienza al servizio militare. Saggio storico-giuridico*, Edizioni Dehoniane, Napoli, 1987.

[18] Tra gli Stati del blocco sovietico uno solo, la Germania Orientale (la cosiddetta DDR, *Deutsche Demokratische Republik*), possedeva una legge che riconosceva, ma solo parzialmente, l'obiezione di coscienza al servizio militare, consentendo agli obiettori di prestare un servizio militare non armato. Io mi sono interrogato su questa

1989 (che ha mutato il volto dell'Europa) le legislazioni di quegli Stati hanno subìto profonde modificazioni e molte di esse hanno recepito il riconoscimento dell'obiezione in questione.

È chiaro, poi, che il problema dell'obiezione di coscienza al servizio militare ha una viva e intensa attualità negli Stati in cui il servizio militare è obbligatorio. Negli Stati in cui il servizio militare è (o è diventato) soltanto volontario il problema resta molto più marginale, poiché riguarda soltanto il soldato volontario che durante il periodo di ferma abbia eventualmente maturato un cammino di coscienza che lo porti al rifiuto delle armi. In tale situazione si trovano oggi la Gran Bretagna, gli USA, il Canada, il Belgio e qualche altro Stato in cui il servizio militare non è più obbligatorio.

Quanto agli Stati in cui esiste tuttora l'obbligatorietà del servizio militare (e tra essi è l'Italia)[19], è interessante ricordare che esistono innumerevoli prese di posizione di organi internazionali a favore dell'obiezione di coscienza al servizio militare e a favore di un trattamento degli obiettori che non sia discriminatorio rispetto a chi presta il servizio militare. Purtroppo, infatti, ci sono degli Stati (e fra essi ha sempre brillato l'Italia) in cui la legge contiene discriminazioni assai pesanti per gli obiettori e in cui gli organi competenti a pronunciare sulle domande degli obiettori, sulle assegnazioni al servizio civile, sulle concrete modalità del servizio stesso agiscono con ritardi tali da rendere quest'ultimo particolarmente oneroso (si pensi che il termine di sei mesi previsto dalla legge italiana diventa abitualmente, nella prassi attuale del Ministero della difesa, di 17 mesi) e con provvedimenti così anomali da dissestare il servizio e da mettere in grave difficoltà gli enti che lo gestiscono (si pensi alle cosiddette

---

"anomalia" che realizzava una inaudita eccezione nel quadro degli Stati comunisti dell'Est europeo, e ritengo di averne individuato la ragione. La Germania orientale comprendeva la Turingia e la Sassonia, cioè le regioni nelle quali Lutero era nato, aveva operato e aveva influito profondamente sulla cultura del suo popolo (non per nulla quelle regioni sono a schiacciante maggioranza luterana). Ora, la dottrina di Lutero ha esaltato la libertà della coscienza del singolo e l'ha difesa contro ogni autorità, sia civile che religiosa. Questo patrimonio culturale radicatissimo ha fatto sì che anche uno Stato comunista e ateo dovesse confrontarsi con la realtà della coscienza ed emanare disposizioni che dessero alla coscienza stessa uno spazio, sia pur minimo.
[19] Vedi nota 21 [N.d.R.]

precettazioni d'autorità, con le quali gli obiettori vengono assegnati a casaccio, senza alcuna attenzione alle loro attitudini e alla loro specifica preparazione per un tipo di servizio piuttosto che per un altro).

Ora, i pronunciamenti di organi internazionali (Consiglio d'Europa, Parlamento europeo, Commissione ONU per i diritti umani) in questa materia hanno appunto lo scopo di promuovere il superamento di tali disfunzioni e di richiamare gli Stati membri a precisi principi di correttezza e di rispetto dei diritti dell'uomo.

Del Consiglio d'Europa cito la *Risoluzione* 26 gennaio 1967 n.337, e le conformi *Raccomandazione* e *Direttiva* emesse nella stessa data e ribadite il 7 ottobre 1977.

Del Parlamento europeo cito la *Risoluzione* 7 febbraio 1983 (proponente Maciocchi), la *Risoluzione* 13 ottobre 1989 (proponente Schmidbauer), la *Risoluzione* 11 marzo 1993 (proponente De Gucht) e la *Risoluzione* 19 gennaio 1994 (proponenti Bandrès Molet e Bindi)[20].

Della Commissione ONU per i diritti umani cito la *Risoluzione* 1° maggio 1987 e le successive *Risoluzioni* emanate nel marzo 1989 e nel marzo 1993.

Queste *Risoluzioni* ci interessano non soltanto per i loro specifici contenuti, attinenti ad una "legalità" che supera la legalità dei singoli Stati e che, pur non potendo incidere direttamente sulle legislazioni dei medesimi, costituisce un autorevole richiamo e una importante direttiva sovranazionale, ma anche e soprattutto perché documentano (dall'alto osservatorio da cui provengono) come il fenomeno di cui abbiamo parlato sia ormai un fenomeno di dimensioni planetarie che coinvolge generazioni giovanili di tutte le latitudini e di tutti i continenti[21].

---

[20] Per una precisa documentazione circa queste Risoluzioni del Parlamento europeo cfr. S. BIESEMANS, *L'obiezione di coscienza in Europa*, La Meridiana, Molfetta, 1994.

[21] Alcuni doverosi aggiornamenti (successivi alla stesura del presente testo) a proposito della disciplina dell'obiezione di coscienza in Italia [N.d.R.]:
- la legge 8 luglio 1998 n. 230, abrogando la precedente legge n. 772/1972, riconobbe compiutamente per la prima volta il diritto all'obiezione di coscienza, configurando la stessa non più come un beneficio concesso dallo Stato, bensì come un diritto della persona;
- la legge 23 agosto 2004 n. 226 sospese le chiamate al servizio militare di leva in Italia; risultò quindi sospesa di fatto anche l'opzione del servizio civile obbligatorio per obiezione di coscienza.

Capitolo IV
La crisi della legalità

34. Una crisi complessa e gravissima

L'Italia vive da anni una gravissima crisi di legalità[1], i cui fattori sono innumerevoli e la rendono assai complessa.

Anzitutto, c'è in Italia l'assenza, o quanto meno la forte penuria, di un *humus* in cui la sensibilità nei confronti del bene comune e nei confronti della legalità possa porre radici e crescere.

Francesco Alberoni e Salvatore Veca hanno fatto, in proposito, una osservazione molto puntuale che val la pena di riportare testualmente.

«In Italia, quando una cosa è di tutti, la *res publica*, non è di nessuno. Se non c'è un referente concreto, individuale o collettivo, l'italiano non pensa a nulla. È questo il motivo per cui gli italiani buttano il biglietto della metropolitana per terra, la lattina di Coca-Cola sul ciglio della strada e le immondizie in un luogo dove nessuno li vede. Perché dove non c'è qualcuno in concreto, non c'è nessuno del tutto. Perché, se un posto non è di qualcuno in concreto, non è di nessuno del tutto. Ripetiamo a costo di apparire monotoni. Non è il collettivo che manca». E gli autori fanno l'esempio del militante di partito. che avrà cura della sede del suo partito. Ma aggiungono che tutto finisce e cambia quando il soggetto «deve occuparsi di ciò che può servire a tutti gli altri, cioè a chiunque altro».

«L'abitudine di non curarsi di ciò che è di chiunque produce, di riflesso, dei servizi privati o pubblici che non sono stati ideati pensando al chiunque. La struttura della amministrazione pubblica in Italia sembra essere modellata per strani fini, indipendenti dal bisogno concreto della gente. E tutti gli sforzi di riforma sembrano scontrarsi con una incapacità a mettere al primo posto lo studio concreto, meticoloso, accurato dei bisogni dei cittadini... Il servizio pubblico, da noi, è ancora oggi concepito come elargizione, beneficenza, donazione»[2]
.

[1] F. ALBERONI e S. VECA, *L'altruismo e la morale*, Garzanti, Milano, 1988, pag.9.
[2] F. ALBERONI e S. VECA, *op. cit.*, pag.11.

Una simile mentalità domina in tutti i servizi. Se pensiamo, per esempio, ad un ospedale pubblico italiano, noteremo - aggiungono gli autori predetti - una sostanziale indifferenza al problema reale del *chiunque*. "Già all'ingresso la gente è in imbarazzo perché non sa a chi rivolgersi, dove aspettare, dove andare. Nessuno ha previsto che le persone abbiano bisogno di informazioni. Chi vuol raggiungere un malato, parlare con un medico, deve trovare, all'interno dell'ospedale, un conoscente, un 'amico' che lo accompagni nella giungla dei regolamenti e dei corridoi. Ciascuno fa qualcosa per qualcun altro, non per tutti"[3].

L'analisi è precisa e veritiera, anche se, per buona fortuna, non tutti gli uffici pubblici e non tutti gli ospedali pubblici funzionano in quel modo. Esistono, certo, lodevoli eccezioni, ma è innegabile che la prassi corrente e di gran lunga prevalente presenta quelle caratteristiche.

L'assenza di attenzione per l'altro, per il "chiunque", si estende alle forme più svariate, e più diffuse, di illegalità: dal teppismo nei confronti di beni e di arredi pubblici (scritte imbrattanti le carrozzerie dei tram e degli autobus, sradicamento o piegamento di paline della segnaletica stradale, tiro a segno nei confronti di lampioni della illuminazione pubblica, imbrattamento di targhe segnaletiche, devastazione di aiuole e di panchine dei giardini pubblici, incendio di contenitori per l'immondizia e per la raccolta differenziata ecc.) ai tentativi di scavalcamento delle code agli sportelli degli uffici o nei posti di attesa dei taxi, e così via.

È un quadro generale avvilente, tanto più se lo si confronta con il quadro offerto da altri Paesi europei, specialmente nordici, dove il senso civico appare molto sviluppato, dove le regole di correttezza e di civismo vengono osservate con naturale convinzione e dove le cose di proprietà pubblica vengono generalmente rispettate dai cittadini e rigorosamente tutelate dall'autorità. Alla base del "costume" italiano c'è, indubbiamente, una carenza di educazione ai rapporti sociali: una carenza che trova le sue radici lontane e - si potrebbe dire - ataviche nella mentalità non serena e non collaborativa, da sempre

---

[3] Uso qui la parola "crisi" nel senso con cui la si usa comunemente, pur rendendomi conto che ogni periodo storico è - a ben guardare - un periodo di crisi (cioè di passaggio) e pur tenendo presenti le acute osservazioni svolte in proposito da Norberto Bobbio (N. BOBBIO, *Pro e contro un'etica laica*, in *Elogio della mitezza* ecc., cit., pagg.167 e segg.).

caratterizzante i rapporti tra cittadino e Stato italiano, ma che ha anche radici più prossime nella grossa inadempienza in cui la scuola italiana, nella sua maggior parte, è incorsa, in questi ultimi decenni, in tema di educazione civica, non solo relegando tale insegnamento all'ultimo, marginalissimo posto o addirittura non attuandolo per nulla (mentre l'educazione civica dovrebbe rivestire un ruolo centrale e, per di più, essere trasversale a tutte le materie), ma altresì venendo meno, globalmente, al suo compito di formare nello studente il cittadino consapevole e responsabile. In questo senso si parla da qualche tempo di "crisi della cittadinanza".

35. L'esasperazione della soggettività

Al costume di indifferenza, ed anzi di ostilità, verso tutto ciò che è pubblico e di proprietà pubblica, si accompagna un fenomeno accentuatosi negli ultimi decenni è consistente nel diffondersi di una cultura edonistica che il consumismo ha potenziato e che i mass media hanno reso invasiva e totalizzante. Si tratta di una "cultura della soggettività" che pone al centro l'individuo e i suoi bisogni e che enfatizza quei bisogni richiedendone l'immediata soddisfazione e addirittura creandoli artificialmente in omaggio alle esigenze del mercato, affermate come inderogabili.

È ben vero che fa parte della natura umana l'affermazione di sé e la ricerca dal proprio interesse egoistico (a cui, nel Cinquecento, Francesco Guicciardini aveva dato il nome significativo e realistico di "el mio particulare"). Ma il fenomeno è oggi acutizzato dal tipo di società in cui viviamo: il modello che tale tipo di società propone è un modello d'uomo per il quale i valori essenziali sono il denaro, il successo, il sesso, il potere, la soddisfazione immediata di ogni impulso o desiderio, qualunque sia il mezzo usato per conseguire tale soddisfazione. In un simile quadro culturale l'arricchirsi diventa il valore sommo, il "tutto e subito" diventa un imperativo assoluto e il "mi piace - non mi piace" diventa il criterio ultimo di ogni scelta: donde la sostanziale provvisorietà delle scelte, anche di quelle più importanti nella vita, e la loro intrinseca revocabilità. Tanto che si è potuto parlare della nostra epoca come dell'"era del narcisismo"[4].

---

[4] J RUSS, *L'etica contemporanea*, Il Mulino, Bologna, 1997, pag.13.

Fin dagli anni Settanta Erich Fromm aveva segnalato i grossi rischi di una visione dell'uomo fondata sull'*avere* anziché sull'*essere*, e di una società "avida" nella quale l'acquisire, il possedere e il realizzare un profitto costituisse sacro e inalienabile diritto dell'individuo, a prescindere dalle fonti di tale profitto; e aveva anche messo in evidenza come una simile mitizzazione del profitto e della proprietà esaltasse all'estremo il carattere "privato" della proprietà stessa ("privato" deriva da "privare", che significa, in definitiva, "impedire che altri abbia")[5] e quindi esaltasse la esclusione degli altri dalla partecipazione al godimento dei beni[6]. Aveva anche parlato di "religione cibernetica di carattere mercantile", nella quale l'uomo aveva fatto di se stesso un dio, avendo acquisito la capacità tecnica di una "creazione seconda" del mondo, sostitutiva della "prima creazione ad opera del dio della religione tradizionale"[7].

In questa "società dell'immagine e della superficie" tutto è spettacolarizzato, tutto tende ad appiattirsi sulla "apparenza". La forza di seduzione dell'immagine e dello spettacolo (quella forza che spinge innumerevoli persone - attratte dal fascino della telecamera e dal brivido del comparire "in televisione" - a mettere in piazza le proprie vicende personali e i propri sentimenti più intimi attraverso i cosiddetti *talk-show*) è così intensa che si è potuto parlare di una cultura "della seduzione"[8].

"Sedurre" (in latino: *seducere*) vuol dire "portare con sé", "portare altrove", ed evoca una attrazione che fa leva sull'emotività, su una sorta di incantamento emotivo. È profondamente diverso dall'"educare" (in latino: *educere*), che vuol dire "portar fuori da" ed evoca il lavoro dell'educatore che aiuta il bambino o il ragazzo ad uscire

---

[5] E. FROMM, *Avere o essere?*, Mondadori, Milano, 1977, pagg.97 e segg.

[6] Questa "esclusione degli altri" si esprime a livello planetario con l'affermazione secondo cui, fra cinquant'anni circa, "il quindici per cento dell'umanità dovrà difendere l'ottantacinque per cento della ricchezza mondiale che possiederà. Nulla fa pensare che dividerà tali ricchezze con gli Stati più poveri, visto che ha i mezzi per difendere la sua prosperità e il suo grado di sicurezza sociale" (C. JEAN, *L'uso della forza. Se vuoi la pace comprendi la guerra*, Laterza, Bari, 1996, pagg.9-10). Questa brutale affermazione - che ha, quanto meno, il pregio della franchezza - dimostra come la logica spietata dell'avere si estenda alla dimensione planetaria.

[7] E. FROMM, *op. cit.*, pag.200.

[8] A. CAROTENUTO, *Riti e miti della seduzione*, Bompiani, Milano, 1994; J. BAUDRILLARD, *Della seduzione*, Cappelli, Bologna, 1985.

dalle sue crisi di sviluppo, a crescere umanamente e a scoprire e valorizzare le potenzialità della propria persona, diventando pienamente se stesso.

36. Amnesia della storia e perdita della percezione del futuro

Questi fenomeni si presentano particolarmente evidenti nelle ultime generazioni giovanili, cresciute già immerse nella società dell'immagine e della spettacolarizzazione (quella che Jean Baudrillard ha denominato "società dei simulacri"). In una recente analisi della realtà giovanile di oggi, Vittorino Andreoli, neuropsichiatra, afferma[9] che il pianeta giovani è attualmente caratterizzato dalle seguenti connotazioni:

1) Amnesia della storia: non solo della storia del proprio popolo (quanti giovani ignorano totalmente le vicende della tragica esperienza nazista e fascista, della Seconda guerra mondiale, della liberazione, della nascita della Costituzione italiana!), ma altresì della propria storia familiare e personale. Non vi è più dialogo tra le generazioni; i racconti dei vecchi non interessano e vengono snobbati; il mondo dell'immagine concentra l'attenzione sull'oggi e uccide la conversazione. Si vive senza radici, come se il mondo fosse nato con la vita del singolo: una sorta di *big-bang* per ciascuno. Lo storico contemporaneo Eric Hobsbawm descrive con altre parole lo stesso interessante fenomeno: afferma che alla fine del Novecento i giovani sono, per la maggior parte, cresciuti "in una sorta di presente permanente, nel quale manca ogni rapporto organico con il passato storico del tempo in cui vivono"[10].

Va ribadito, però, che il fenomeno non è soltanto dei giovani. Riguarda anche gli adulti. Proprio recentemente Barbara Spinelli, prendendo spunto dalle imponenti manifestazioni di folla con cui, nel luglio 1997, in occasione dell'uccisione di un giovane preso in ostaggio dai terroristi baschi dell'ETA, il popolo spagnolo (compreso quello dei Paesi baschi) ripudiò il terrorismo dell'ETA isolandone gli autori, ha parlato di una "cultura dell'amnesia" assai diffusa in Italia

---

[9] V. ANDREOLI, *Giovani. Sfide, rivolte, speranze, futuro*, Rizzoli, Milano, 1995, pagg.53 e segg.
[10] E. J. HOBSBAWM, *Il Secolo breve*, Rizzoli, Milano, 1997, pag.14.

a riguardo sia degli orrori nazifascisti e staliniani, sia del terrore degli "anni di piombo" (che sono ancora molto vicini nel tempo ma che non impediscono a molti di cedere all'amnesia e di professare indulgenza verso i terroristi degli anni Settanta e Ottanta sulla sola base del fatto che essi sono stati "sconfitti" e si riconoscono tali, anche se non esprimono critiche e pentimenti di sorta nei confronti della teorizzazione e della pratica della violenza terroristica)[11].

2) Perdita della percezione del futuro: il "subito" è l'unica dimensione del tempo. Il futuro è lontano come se non esistesse. Il programma, il risparmio, il sacrificio, la progettualità sono fuori degli orizzonti del giovane d'oggi. Per lui il futuro lontano - ha precisato Gianni Borgna, studioso di problemi della gioventù - è da considerarsi imprevedibile e forse inconcepibile[12], e i suoi itinerari (specialmente quelli professionali) sono una sorta di "navigazione a vista"[13]. Anche se la mobilità professionale può avere aspetti positivi e comprensibili, il fenomeno, visto nei suoi termini generali, sta a significare che l'uomo perde una delle sue caratteristiche principali: pensare e costruire in una dimensione spostata del tempo.

Per indicare ciò è stata anche coniata la parola "presentismo": una parola che a me pare brutta e sgraziata, e che nella sua bruttezza esprime efficacemente la aberrante anomalia del fenomeno.

3) Percezione della vita in chiave di esperienza sensoriale. Senza stimoli sensoriali un giovane d'oggi è come se non esistesse. Per lui il mondo esiste in quanto manda stimoli, rumori, immagini. La perenne compresenza di qualche rumore (a cui spesso - aggiungerei - s'accompagna in molte famiglie il televisore perennemente acceso) rende difficile il percepire l'esperienza interiore, perché porta a vivere in superficie. Percepire la realtà interiore richiede spazi di

---

[11] B. SPINELLI, *Il male e la cultura dell'amnesia*, in *La Stampa*, 20 luglio 1997, pag.1.
[12] G. BORGNA, *Il mito della giovinezza*, Laterza, Roma-Bari, 1997, pag.87. Si parla anche di "morte del futuro" (P. PIETROPOLLI CHARMET, *Il "gruppo" di adolescenti che lancia pietre*, in "*Diritto penale e processo*", Milano, 1997, n.8, pagg.907 ss).
[13] G. BORGNA, *op. cit.*, pag.96.

silenzio e di riflessione, che vengono invece distrutti da una costante immersione nel mondo dei rumori e delle immagini esterne.

È un'analisi interessante e preoccupante, non soltanto agli effetti di uno studio psicologico, ma anche agli effetti di una indagine in campo sociologico e giuridico. Si direbbe, infatti, che il processo di assimilazione e di appiattimento or ora descritto, abbia realizzato l'"uomo a una dimensione", di cui parlava Herbert Marcuse negli anni Sessanta[14], cioè l'uomo che ha passivamente recepito la cultura dominante di una società tecnologica in cui la manipolazione dei bisogni da parte di potenti interessi costituiti ha tolto ogni spazio alla "seconda dimensione" dell'uomo, quella del pensiero critico.

Sono evidenti i riflessi che un simile processo produce sulla vita del diritto e sulla operatività stessa del concetto di legalità: la progressiva riduzione di spazio del pensiero critico tende a paralizzare la partecipazione dei cittadini alla formazione del diritto (vedi *retro*, paragrafo 12) e distrugge gradualmente la percezione della tensione esistente tra legalità e giustizia, tensione di cui abbiamo parlato nel paragrafo 5.

A proposito dell'"appiattimento" di cui ho detto, è interessante ricordare che, secondo l'analisi critica condotta recentemente da parecchi studiosi in ordine alla cultura della "società dei consumi"[15], il consumismo alimenta una concezione dell'esistenza dal cui nucleo sono state espunte la durezza e la difficoltà: ciò comporta una privatizzazione e banalizzazione dell'esistenza, poiché la privatizzazione delle scelte di consumo e la assoluta opzionalità di tali scelte (opzionalità che si risolve in arbitrarietà) manifesta una condizione di insignificanza esistenziale e contrassegna il vissuto nella società contemporanea. E Hobsbawm, nel già citato libro dal significativo titolo di *Il Secolo breve*, afferma che il trionfo universale della società dei consumi di massa ha fatto sì che, dal 1960 in poi, le immagini che accompagnano gli esseri umani nel mondo occidentale - e sempre più anche nel Terzo mondo - dalla nascita alla morte siano quelle che pubblicizzano o rappresentano

---

[14] H. MARCUSE, *L'uomo a una dimensione*, Einaudi, Torino, 1967.
[15] Per una efficace esposizione di tale analisi cfr. I. VACCARINI, *Il mutamento culturale in Occidente: una interpretazione critica*, in "*Aggiornamenti sociali*", Milano, 1997, pagg.595 e segg.

il consumo di qualche prodotto oppure quelle dirette all'intrattenimento commerciale di massa; con la conseguenza di una rivoluzione esistenziale che Hobsbawm definisce "antinomiana" (cioè antitetica, per principio, ad ogni normatività)[16] e che si esprime anche nella caduta del livello generale di cultura e nella fuga dalla lettura e dall'impegno culturale. Gilles Lipovetsky ha parlato di *ère du vide* («epoca del vuoto») e Jacqueline Russ ha definito il nichilismo come "malattia mortale del nostro secolo"[17].

Certo, il fenomeno non riguarda soltanto l'Italia, poiché è un fenomeno generale che coinvolge tutte le società più sviluppate e che ha stimolato ricerche sociologiche sia in Germania[18] che in Inghilterra e negli Stati Uniti[19]. Ma proprio da quelle ricerche provengono significative conferme sulle cause della crisi. Con impressionante concordanza, quelle cause vengono ravvisate nella diffusione di un modello culturale che nega valore alla dimensione etica dell'esistenza e che, con il suo orientamento nichilistico, porta a un impoverimento esistenziale, fonte di vere e proprie patologie sociali, quali la de-istituzionalizzazione della famiglia, il degrado della socializzazione scolastica, il diffondersi della devianza a tutti i livelli e specialmente a livello giovanile.

In sostanza: una società eticamente neutra, cioè indifferente al problema del bene e del male, e quindi totalmente priva di "paletti"[20]); una società che rifiuta di fare e di proporre scelte valoriali e che

---

[16] E. J. HOBSBAWM, op. cit., pag.390 e 595. Il "secolo breve" è il Novecento perché è il secolo in cui la storia ha subìto una straordinaria accelerazione per la rapidità degli sviluppi avuti dalla scienza e dalle trasformazioni sociali. Esso è qualificabile come "breve" anche perché è, in pratica, compreso tra due catastrofi che lo segnano profondamente: l'esplosione della prima guerra mondiale (1914) e il collasso dell'Unione Sovietica (1989-1992).

[17] J. RUSS, *op. cit.*, pag.13.

[18] H. SCHMIDT, M. DONHOFF, M. MIEGEL, W. NOLLING, E. REUTER, R. SCHRODER, W. THIERSE, *Perché la Germania deve cambiare*, Marsilio, Padova, 1993.

[19] Per l'Inghilterra: M. ALMOND, C. DANDEKER, C. DAVIES, J. DAVIES, A. FLEW, A. FURNHAM, R. GRANT, J. GRAY, R. LYNN, D. MARTIN, P. MORGAN, A. O'HEAR, D. O'KEEFE, *The Loss of Virtue*, Ed. D. Anderson, New York, 1992. Per gli USA: E. LUTTWAK, *C'era una volta il sogno americano*, Rizzoli, Milano, 1994.

[20] P. DONATI, *La novità di una ricerca: pensare i giovani "generazionalmente"*, in AA.VV., *Giovani e generazioni*, Il Mulino, Bologna, 1997, pag.25.

pertanto Zigmunt Bauman ha definito "adiaforica"[21], nel senso che riduce le scelte etiche a questioni tecniche[22].

37. «Vietato vietare»

Un aspetto della crisi in questione e dell'impoverimento di cui ho fatto cenno sta nella enfatizzazione dei diritti e nel silenzio sui doveri. Tutti rivendicano diritti, proclamano diritti, protestano a favore dei loro diritti. Nessuno ricorda che esistono anche i doveri; che questi ultimi sono l'altra faccia del diritto; che chi rivendica i propri diritti deve anche accettare i correlativi doveri.

Le spinte individualistiche e quelle corporativistiche sono all'ordine del giorno. Ciascun individuo e ciascuna categoria si preoccupa dei propri vantaggi, senza curarsi di armonizzare quei vantaggi con le esigenze degli altri membri della società e delle altre categorie che la compongono. E quando una categoria consegue un certo vantaggio, le altre categorie insorgono, in una rincorsa senza fine. È l'affermarsi di una soggettività che ben si potrebbe qualificare "selvaggia" e per la quale è stata coniata l'espressione "il crepuscolo del dovere"[23].

Con una immagine arguta Guido Gatti ha affermato che lo slogan "vietato vietare" - espressione tipica del maggio parigino 1968 - potrebbe essere il simbolo di quel tipo di soggettività, cioè, in sostanza, della "insignificanza di una proclamazione dei diritti che resta viziata proprio dalla contraddizione interna che le viene dal rifiuto di dare ad essa determinatezza ed efficacia attraverso il riconoscimento dei loro limiti e delle responsabilità che li accompagnano"[24]. In un simile contesto - aggiunge il citato autore - la proclamazione dei diritti viene ad assumere un carattere esclusivamente retorico e non impedisce perciò la guerra, nella quale lo sconfitto viene ad essere, alla fine, il bene comune, proprio in quanto bene di tutti.

Basti pensare, per esempio, alla levata di scudi che si verifica tutte le volte che si tenta di porre dei limiti, in nome dell'interesse

---

[21] Questa difficile parola deriva dal greco. In greco *adiaforìa* significa «indifferenza».
[22] Z. BAUMAN, *Le sfide dell'etica*, Feltrinelli, Milano, 1996.
[23] G. LIPOVETSKY, *Le crépuscule du devoir*, Paris, Gallimard, 1992.
[24] G. GATTI, *Educazione sociale e morale pubblica*, in *Orientamenti pedagogici*, Torino, 1991, pagg.779 e segg., particolarmente pag.784.

pubblico, ad un indiscriminato esercizio del diritto di sciopero, attraverso il quale esigue categorie di lavoratori possono mettere in ginocchio l'economia del Paese e creare disagi immensi a milioni di cittadini, totalmente estranei alla vertenza lavorativa da cui nasce la proclamazione dello sciopero stesso. La paralisi dei trasporti pubblici (aerei, terrestri o marittimi), il blocco dei trasporti privati per sciopero degli autotrasportatori (con conseguente disastro per gli approvvigionamenti, per le derrate alimentari in viaggio, per gli animali caricati sugli autocarri), la paralisi della giustizia per sciopero dei magistrati o degli avvocati o dei cancellieri (con conseguenti rinvii di processi sia civili che penali e spesso con scarcerazioni di pericolosi imputati per decorso del termine di custodia cautelare), la paralisi delle poste (con conseguenti ritardi che possono far saltare importanti contratti o impedire che giungano tempestivamente a destinazione determinate notizie) sono alcuni degli esempi che vengono subito in mente; e sono esempi estremamente eloquenti perché riguardano casi in cui la rivendicazione di un diritto colpisce alla cieca, violando, a sua volta, i diritti dei cittadini in un modo generalizzato e pesantissimo che realizza una profonda e intollerabile ingiustizia.

Per precisare meglio: dietro la improvvisa e totale paralisi di un aeroporto (e quindi dietro il "vietato vietare certe modalità di sciopero") ci sono occasioni perdute e irripetibili (come l'estremo saluto ad un familiare morente o la partecipazione al matrimonio di una persona cara o la presenza al parto di una figlia), ci sono eventi decisivi rinviati (come un'operazione chirurgica di vitale importanza, il cui rinvio può essere letale), ci sono appuntamenti d'affari che sfumano e che non potranno più essere recuperati, ci sono inadempienze contrattuali che si verificano e che saranno sorgente di controversie, ci sono impegni per conferenze o per altre prestazioni che dovranno essere azzerati; ci sono sconvolgimenti dell'agenda di una persona o di un'intera famiglia, con conseguenti intuibili difficoltà.

Mi si obietterà che il diritto di sciopero è un diritto previsto dall'art.40 della Costituzione. È vero. Ma quell'articolo precisa che "il diritto di sciopero si esercita nell'ambito delle leggi che lo regolano". Ed è proprio quando si tratta di regolare l'esercizio dello sciopero che insorgono le più accanite e intransigenti opposizioni[25]. Comunque,

---

[25] Anche la legge 12 giugno 1990 n.146 sull'esercizio del diritto di sciopero nei servizi

l'accenno allo sciopero non è che un esempio fra i molti che si potrebbero fare.

Un altro, fra i molti, è quello relativo alle c.d. "quote latte". Che nel dicembre 1997 gli allevatori, per protestare contro le multe inflitte dall'U.E. per la "sforatura" delle quote latte, non abbiano trovato di meglio che bloccare coi trattori ferrovie e autostrade costituisce - a prescindere dal fatto che gli allevatori abbiano ragione o torto - una gravissima forma di illegalità che lo Stato non può tollerare. Al cittadino che sta viaggiando deve essere garantita la libertà di locomozione; bloccarlo in una stazione o su un treno o in autostrada costituisce una intollerabile violazione dei suoi diritti: talmente intollerabile che non è fuori luogo ravvisare analogie col "rapimento" e col "sequestro di persona", come ha fatto Sergio Romano in una acuta nota di commento.

38. La tattica del "fatto compiuto". Modelli di cittadinanza

Un altro modo con cui si esprime la illegalità è quello che chiamerei "la tattica del fatto compiuto".

È assai diffusa la mentalità secondo cui commettere un illecito che non venga immediatamente scoperto e punito farebbe nascere una sorta di diritto a mantenere le cose come stanno. Il proprietario di un terreno che costruisca abusivamente un edificio non consentito dal piano regolatore o da altri vincoli amministrativi si sente in diritto di invocare il "fatto compiuto" e di insorgere contro ogni iniziativa dei pubblici poteri volta a far demolire l'edificio abusivo.

Lo slogan «vietato vietare», basato su un gioco di parole a prima vista umoristico, acquista allora una sua drammatica realtà. Per esempio, dietro l'abusivismo edilizio - tipica ipotesi di "tattica del fatto compiuto" - c'è spesso lo scempio di zone di alto valore storico-artistico oppure di zone di grande bellezza paesaggistica, che costituiscono patrimonio prezioso di tutta la collettività nazionale.

È ben vero che la tattica del "fatto compiuto" viene sovente incoraggiata dall'inerzia degli organi pubblici, dalla loro lentezza

---

pubblici e sulla salvaguardia dei diritti della persona costituzionalmente tutelati ha dimostrato la propria insufficienza, a causa del suo meccanismo non abbastanza incisivo, che rimette a contratti e accordi collettivi l'individuazione delle prestazioni indispensabili che devono essere garantite in caso di sciopero.

nell'applicare sanzioni, dal deplorevole andazzo di una frequente concessione di condoni (edilizi, tributari, penali, ecc.), quando non addirittura dalla corruzione di pubblici funzionari che chiudono gli occhi e restano inerti oppure concedono licenze illecite in cambio della corresponsione di tangenti. Ma resta fermo il principio che il comportamento illegale di qualsiasi tipo non può e non deve mai generare un diritto al mantenimento della situazione illegale.

È, dunque, urgente porsi il problema della coordinazione dei diritti di ognuno con quelli di tutti, e quindi della coordinazione dei diritti con i doveri e con le responsabilità correlative.

È stato detto giustamente che la crisi della convivenza civile e democratica deriva da un modello di cittadinanza declinato nella forma dei diritti, e che una cittadinanza la quale sia imperniata soltanto sui diritti e trascuri sostanzialmente il piano dei doveri produce, magari inavvertitamente, effetti perversi, in quanto genera disuguaglianze, illiberalità, implosione[26]. L'implosione si concreta in un deperimento dei valori, in un cedimento interno della cittadinanza, la quale non si fa più carico dei valori stessi e delega la salvaguardia dei medesimi agli apparati istituzionali: la cittadinanza dei meri diritti diventa, in tal modo, una cittadinanza esonerante[27], cioè una cittadinanza che esonera l'individuo da ogni responsabilità per i diritti degli altri e per il bene comune.

In altre parole, non si può volere la giustizia e pensare di costruirla solo sui diritti, rifiutando i doveri[28]. Sotto questo aspetto, il citato "Sessantotto" - che pur ha avuto il merito di risvegliare il pensiero critico e di demitizzare istituzioni imbalsamate e intoccabili - ha avuto la responsabilità di generare e diffondere fermenti di disgregazione e di illegalità che hanno dato frutti perniciosi.

Si è parlato anche di "eclissi della cittadinanza democratica" e di una tendenza a ripiegarsi su se stessi e a rintanarsi nel privato[29]: nel che può ravvisarsi uno degli effetti della predetta implosione.

---

[26] P. DONATI, *La cittadinanza societaria*, Laterza, Bari, 1993, pagg.229 e segg.

[27] M. ORSI, *Educazione civica come responsabilità: una sfida per la scuola del Duemila*, in "*Aggiornamenti sociali*", Milano, 1997, pagg.367-368, il quale, a proposito dell'idea di esonero, richiama A. GEHLEN, *L'uomo. La sua natura e il suo posto nel mondo*, Feltrinelli, Milano, 1990.

[28] G. ZAGREBELSKY, *Il diritto mite*, cit., pag.126.

39. Un legislatore "motorizzato"

Un altro aspetto della crisi della legalità sta nella enorme sovrabbondanza di leggi e leggine che caratterizza il nostro ordinamento giuridico.

Mentre in passato la legge si esprimeva principalmente nei codici (Codice civile, Codice penale, Codice di procedura civile, Codice di procedura penale, Codice stradale, ecc.) nei quali le norme giuridiche relative ai vari settori dell'ordinamento venivano organizzate in un sistema logico e coerente, oggi si verifica il fenomeno della cosiddetta decodificazione[30]: la produzione legislativa utilizza sempre meno lo strumento tecnico-giuridico denominato "codice" e si esprime invece attraverso un polverìo di leggi e leggine, disorganiche, atomistiche, difficilmente riconducibili ad un sistema completo e coerente.

Da un lato questa *decodificazione* è una conseguenza strutturale della società del XX secolo: una società che in Italia ha avuto una evoluzione sociale e tecnologica vertiginosa, e che ha costretto il legislatore a far fronte con apposite leggi ad esigenze via via affioranti, in una sorta di "tecnicizzazione" per la quale è stata coniata l'espressione "legislatore motorizzato"[31]. E fin lì si tratta di un processo fisiologico.

Dall'altro lato, però, la "motorizzazione" del legislatore ha avuto in Italia manifestazioni patologiche che hanno portato a conseguenze assurde. La moltiplicazione delle leggi ha raggiunto livelli intollerabili: le leggi vigenti oggi in Italia sono decine di migliaia (c'è chi parla di oltre 150.000); e costituiscono un coacervo così disorganico da far impazzire anche il giurista più esperto e navigato. La tecnica legislativa è spesso rozza ed imprecisa: il che crea non indifferenti problemi interpretativi a chi debba applicare quelle leggi.

Mentre in passato ogni legge veniva preparata e discussa con attenta ponderazione, sentendo previamente il parere delle Facoltà di Giurisprudenza presso le varie università, il parere dei magistrati più rappresentativi e il parere dei Consigli dell'Ordine degli Avvocati, oggi

---

[29] N. IRTI, *L'età della decodificazione*, Giuffrè, Milano, 1986.
[30] Cfr., da ultimo, A. MASTROPAOLO, *Crisi della cittadinanza democratica e paradigma postmoderno*, in *Fenomenologia e società*, Milano, aprile 1997, pagg.70 e segg.
[31] Lo ricorda G. ZAGREBELSKY, *op. cit.*, pagg.47-48.

questi filtri vengono abitualmente saltati, la produzione legislativa è affrettata ed approssimativa, i membri del Parlamento sono spesso digiuni di diritto, le leggi sono spesso frutto di intricati giochi politici, le eventuali opinioni che taluni magistrati esprimono su progetti di legge riguardanti la giustizia vengono accolte con insofferenza, quasi fossero illecite interferenze nell'attività del Parlamento[32].

Ma c'è un altro risvolto patologico della decodificazione: esso sta nel fatto che molte leggi e leggine non sono finalizzate all'interesse generale, bensì sono finalizzate ad interessi particolari di categorie o addirittura di singole persone. La sovrabbondanza della legislazione "motorizzata" ha riguardato spesso leggi con caratteri particolaristici, che hanno creato o consolidato privilegi ingiusti, hanno alimentato un clientelismo ignobile e parassitario, hanno finanziato - in Italia o nei Paesi del Terzo mondo - opere faraoniche rimaste incompiute o "cattedrali nel deserto" rimaste inutilizzate (ma con enormi utili per le imprese fruitrici dei finanziamenti)[33].

Il polverìo delle leggi, che - come abbiamo detto - è, per certi versi, inevitabile e fisiologico, presenta dunque anche aspetti nettamente patologici. La "motorizzazione" è un fenomeno che ha, purtroppo, una valenza doppia, di segno positivo e di segno negativo.

---

[32] Occorre peraltro ricordare ancora una volta che talora le esternazioni di magistrati avvennero con forme e contenuti che prestarono il fianco a critiche fondate (cfr. *retro* la nota 16 del Cap.II).

[33] A tal proposito non si può non ricordare che l'Italia è il paese degli sprechi di pubblico denaro. Nonostante un minuzioso sistema di controlli burocratici occhiuti ed ossessivi, le possibilità di spreco del pubblico denaro sono infinite. Migliaia sono i rivoli attraverso cui il pubblico denaro si disperde: ogni rivolo può essere, di per sé, considerato piccolo e non decisivo (e su ciò fanno leva coloro che hanno interesse a mantenere immutata la situazione), ma tutti i rivoli, sommati insieme, raggiungono cifre astronomiche: cifre che qualora venissero ricondotte ad equità, avrebbero influenza decisiva sul risanamento dei conti pubblici. Tra i rivoli cito, a titolo di esempio: l'enorme numero delle auto di rappresentanza (le cosiddette auto blu), gli stipendi altissimi fruiti da persone collocate ai vertici di enti pubblici (persone a cui il colorito linguaggio giornalistico ha attribuito la denominazione di "boiardi di Stato"), i canoni irrisori praticati dalle pubbliche amministrazioni per l'affitto di immobili di proprietà dello Stato e di altri enti pubblici (si è parlato di "affittopoli"), gli innumerevoli privilegi, pensionistici e non pensionistici, di cui fruiscono parlamentari, uomini di governo, alti funzionari ecc.

40. «Fatta la legge, trovato l'inganno»

Uno dei segni negativi sta nelle contraddizioni che spesso emergono dalla molteplicità delle leggi. Ho detto che quelle leggi sono sovente formulate in modo rozzo e privo di precisione giuridica. Aggiungo che, per di più, quelle leggi non sono coordinate tra loro e quindi, ad un occhio esperto, rivelano frequentemente incoerenze e contraddizioni dalle quali può prendere spunto un cavillo che ne paralizzi l'efficacia. Quanto più una legislazione è inflazionata e farraginosa, tanto più nasconde nelle proprie pieghe insidie che possono bloccarne l'operatività o comunque consentire di non adempiere alle sue disposizioni.

Da una simile situazione è nato il proverbio «Fatta la legge, trovato l'inganno». Che significa: «ogni legge consente la possibilità di trovare l'espediente per evadere il comando che essa contiene e l'obbligo che da essa scaturisce».

Occorre però precisare che il proverbio non è legato esclusivamente all'eccessivo numero di leggi e alla loro contraddittorietà, bensì è espressione anche di un fenomeno più ampio e più generale: la possibilità che una disposizione di legge venga elusa attraverso un comportamento che apparentemente non sia in contrasto con la disposizione stessa, ma che nella sostanza la aggiri, raggiungendo il risultato opposto a quello perseguito dalla legge.

Si pensi al caso di chi, al fine di sottrarsi a certi obblighi di legge, intesti un immobile a una terza persona o ad una società appositamente costituita e figuri pertanto nullatenente: la presenza della cosiddetta "testa di legno" crea una situazione che è formalmente corretta e inattaccabile, ma che sostanzialmente vanifica, attraverso il ricorso ad un espediente, le finalità della legge. Si pensi, ancora, al caso di chi, per far apparire un reddito inferiore a quello reale, iscriva la propria "barca" in un registro navale estero, sì che la "barca" batta bandiera straniera e pertanto non costituisca, per lui, indice di reddito.

Ma i tipi di inganno sono innumerevoli. Un esempio in cui il cittadino si imbatte di frequente è questo: al fine di ottenere, a spese del Servizio sanitario, una sedia a rotelle o un apparecchio necessario ad un malato, i familiari devono presentare ai competenti uffici sanitari i preventivi di varie ditte; ciò per consentire alla pubblica amministrazione di valutare le varie proposte e di scegliere quella più conveniente, onde evitare sprechi di denaro pubblico. L'interessato va da una prima ditta per avere un preventivo ed ha la sorpresa di sentirsi dire «Le procuriamo noi i vari preventivi occorrenti»; normalmente accetta perché ciò gli evita corse e perdite di tempo. Ma dietro la cortesia della proposta si cela un tranello a danno della pubblica amministrazione: i preventivi saranno frutto di un accordo tra le ditte, le quali avranno concordato i prezzi secondo criteri ad esse convenienti, in modo da evitare una effettiva competitività, garantirsi puntuali avvicendamenti e mantenere uno standard di prezzi che sia per loro vantaggioso. L'interesse della pubblica amministrazione? Beh, si tratta di denaro pubblico, cioè di una "riserva di caccia" che può essere impunemente saccheggiata; sarebbe stupido (secondo una mentalità assai diffusa) non approfittarne e lasciare ad altri il saccheggio.

Gli espedienti sono, dunque, infiniti e spesso violano palesemente il Codice penale. Si pensi a quante pensioni di invalidità "fasulle" sono state scoperte in questi ultimi anni: pensioni di invalidità ottenute sulla base di certificati di medici compiacenti e quindi percepite senza averne effettivo diritto, poiché le invalidità invocate per ottenere la pensione erano, in realtà, inesistenti e frutto di vero e proprio inganno (in termini penali: truffa a danno dello Stato o, comunque, a danno dell'ente pubblico di previdenza).

E, a proposito di truffa (ma sulla truffa avremo occasione di ritornare tra poco: cfr.par.41), si pensi alla colossale truffa recentemente scoperta, con cui medici di cliniche private convenzionate con lo Stato "gonfiavano" le prestazioni o addirittura emettevano fatture per prestazioni non effettuate, guadagnando miliardi a danno della sanità pubblica. Illeciti enormi, gravissimi, realizzati da professionisti insospettabili che avrebbero dovuto fare dell'onestà e della salute del malato la propria bandiera. Tutto ciò documenta un bassissimo indice di senso della legalità.

Ma, a rigore, per documentare il bassissimo tasso di legalità esistente in Italia non è neppure necessario far riferimento a casi di inganno, siano essi espedienti di vario tipo, siano essi vera e propria truffa. In realtà, la disobbedienza al comando della legge è frequentemente attuata alla luce del sole (cioè senza ricorrere ad espedienti di sorta), semplicemente omettendo di eseguire i comportamenti che la legge impone. Basta mettersi in qualsiasi giorno e a qualsiasi ora sul ciglio di una strada ed osservare le automobili che passano: si constaterà che una percentuale minima di automobilisti fa uso della cintura di sicurezza imposta dalla legge a chi circola in automobile. La disapplicazione della norma (cioè la omissione della sua osservanza) si rivela vastissima, documentando una illegalità fortemente generalizzata e candidamente praticata nella convinzione di non fare nulla di illecito. E sì che si tratta, in questo caso, di un obbligo imposto dalla legge nell'interesse stesso dell'utente: onde la disobbedienza costituisce, oltre tutto, un atto di somma stupidità per l'autolesionismo con cui essa pone a rischio l'incolumità fisica e la vita stessa dell'interessato.

Che dire, poi, dei mastodontici TIR circolanti sulle autostrade italiane, lanciati a velocità pazzesche in spregio dei limiti di velocità stampigliati sulle rispettive carrozzerie? Credo che, se si avesse l'accortezza e l'energia di multare rigorosamente tutte quelle innumerevoli infrazioni, lo Stato e gli altri enti pubblici competenti acquisirebbero una fonte di entrate rilevantissima che contribuirebbe efficacemente a risolvere grossi problemi di bilancio, oltrechè ad evitare disastrosi incidenti stradali.

Il fatto che una legge venga impunemente violata, senza che nessun organo competente intervenga per farla osservare, nuoce gravemente al prestigio e alla serietà della legge stessa. È una grossa ferita alla cultura della legalità: ed è una ferita inferta con il contributo dello Stato.

41. Un campionario di illegalità:
conoscerlo per smascherarlo e combatterlo

Guardare in faccia la realtà e conoscerla a fondo è il primo requisito per chi voglia modificare la realtà stessa. È indispensabile - soprattutto al fine di operare efficacemente per una cultura della legalità - avere le idee chiare sulla illegalità e sulle forme più gravi con cui essa si presenta nel nostro Paese. Diamo allora una rapida occhiata ad alcuni gruppi di reati, che rappresentano le forme principali dell'illegalità penale: s'intende, fornendo solo qualche cenno orientativo, senza la pretesa di esaurire la trattazione di una materia così vasta e complessa.

Potremmo fermare la nostra attenzione su tre grandi categorie di illegalità:
1) la violenza fisica e quella psichica;

2) i vari tipi di comportamento con cui il singolo cittadino trae vantaggio dall'inganno che egli usa contro i pubblici poteri o contro altri cittadini;
3) i vari tipi di uso arbitrario e corrotto del potere.

1) Violenza fisica o psichica.

Rientrano anzitutto in questa categoria gli omicidi (qualunque ne sia la matrice: vendetta, terrorismo, mafia, gelosia, questioni di interesse, razzismo ecc.), i ferimenti, i sequestri di persona, la violenza sessuale, la pedofilia e altri tipi di violenza sui minori, la violenza negli stadi, e così via. La nostra società ha un tasso altissimo di tale tipo di violenza. Esso nasce da una radicale svalutazione del bene della vita, svalutazione di cui tale società è profondamente intrisa.

Pare incredibile: una società che pubblicizza in modo martellante il benessere fisico, pubblicizza, al tempo stesso, la morte in dosi smisuratamente massicce. Non è raro che in due ore di televisione un film violento con molti morti ammazzati sia mitragliato da spot televisivi che esaltano lo star bene, il mangiar bene, il ricercare ogni tipo di comfort, il curare il proprio corpo, il non trascurarne la salute, la bellezza, l'odore. Una contraddizione stridente e, a prima vista, inspiegabile.

Il fatto è che la mentalità consumistica, di cui ho parlato nel paragrafo 35, ha investito sia la vita che la morte; l'una e l'altra valgono solo in quanto producono profitto. Se un film attira spettatori per le emozioni forti e per gli istinti di morte che suscita mediante la rappresentazione di spietate uccisioni, si somministrano le uccisioni senza alcun riguardo per la svalutazione della vita che esse generano; in fondo, quelle uccisioni riguardano pur sempre la vita altrui, non la propria; e quanto alla propria morte, la società del benessere ha avuto cura di rimuoverla, di non farne mai cenno, tanto che si è potuto parlare di "scomparsa della morte", nel senso di una rimozione totale della morte dall'orizzonte dell'uomo d'oggi[34]. L'uccidere una persona è diventato, in tal modo, un accidente sganciato dal dramma del morire:

---

[34] Su quella rimozione hanno detto cose di estremo interesse: E. KUEBLER-ROSS, *La morte e il morire*, Cittadella Editrice, Assisi, 1982; V. MESSORI, *Scommessa sulla morte*, SEI, Torino, 1982; E. BIANCHI, *Vivere la morte*, Gribaudi, Torino, 1983; P. GIANNONI, *Morte e morire*, in AA.VV., "*Dizionario di teologia pastorale sanitaria*", Edizioni Camilliane, Torino, 1997, pagg.757 e segg.

un'azione come un'altra, non dissimile dall'uccidere un animale o dall'abbattere un albero, dal pestare un insetto o dal tagliare l'erba di un prato.

Un discorso analogo può farsi, ad esempio, per la violenza sessuale. In una società fortemente erotizzata come quella attuale gli stimoli sessuali - come ho già avuto occasione di ricordare - sono infiniti, e ad essi raramente si accompagna, da parte della famiglia e della scuola, una adeguata educazione sessuale che orienti a comprendere il profondo significato della sessualità nel quadro della maturazione della persona umana e che pertanto educhi al dominio dei propri impulsi sessuali e al rispetto della sfera sessuale altrui; spesso la cosiddetta educazione sessuale si riduce ad una spiegazione dell'anatomia e della fisiologia degli apparati genitali maschile e femminile, nonché alla raccomandazione di usare profilattici nei rapporti sessuali. Poi ci si sgomenta per l'enorme aumento degli stupri, di ogni altra forma di violenza sessuale, della prostituzione (minorile e non), della pedofilia ecc.[35]

La violenza si manifesta anche in certi reati contro il patrimonio che hanno come componente essenziale, appunto, la violenza. Si pensi alla rapina, reato previsto dall'art.628 Codice penale e consistente nell'impossessarsi di una cosa mobile altrui (denaro o altro bene) sottraendola, mediante violenza alla persona (percosse, ferimenti, ecc.) oppure mediante minaccia (per esempio, minaccia di sparare), a chi la detiene (privato cittadino, banca, ufficio postale, ecc.). Si pensi alla estorsione, reato previsto dall'art.629 Codice penale e consistente nel costringere taluno, mediante violenza o minaccia, a fare o ad omettere qualche cosa, procurando all'autore del reato un ingiusto profitto con altrui danno: caso tipico è quello del *racket*, cioè di un'organizzazione estorsiva che pretende da commercianti o da altri cittadini il pagamento di somme, minacciando ingiusto danno (incendio, attentato, distruzione del negozio ecc.) nel caso che la vittima si rifiuti di pagare.

---

[35] Tutti sanno che il cinema d'oggi presenta con molta frequenza episodi di stupro, e anche di stupro in gruppo. Il pretesto comunemente invocato per quelle ignobili operazioni di "cassetta" è l'asserita esigenza di documentare la realtà sociale del nostro tempo e di suscitare dibattito critico: ma anziché dibattito si è verificato un aumento fortissimo degli stupri collettivi, in una sorta di tragica mimesi. Il ricorso, nei film, a tale tipo di vicenda è stato così insistito che Goffredo Fofi ha sentito il bisogno di reagire con un articolo dal titolo realistico, polemico e amarissimo: *Ciak, si stupra!*

2) Inganno a danno dei pubblici poteri o a danno di altri cittadini.
È la categoria in cui rientrano innumerevoli tipi di frode, primo fra essi la truffa. Quest'ultima, prevista dall'art.640 Codice penale, consiste nell'indurre taluno in errore mediante artifizi o raggiri, procurando a sé o ad altri un ingiusto profitto con altrui danno. Il raggiro consiste nell'usare la menzogna, corredata da discorsi e ragionamenti idonei a far scambiare la menzogna stessa con la verità, per indurre una persona a compiere un'azione (ad esempio, consegnare una somma) che altrimenti non avrebbe fatto: l'artifizio consiste nel camuffare la realtà, facendola apparire diversa da come è (per esempio, presentandosi falsamente come esattore delle imposte oppure spacciandosi per persona ricchissima oppure esibendo un documento falsificato), per rendere credibili le proprie affermazioni e carpire la buona fede della vittima designata.

La truffa è aggravata se il fatto è commesso a danno dello Stato o di un altro ente pubblico (per esempio, ottenere una pensione di invalidità facendo risultare una invalidità in realtà inesistente e inducendo i funzionari a ritenerla erroneamente esistente) oppure col pretesto di far esonerare taluno dal servizio militare.

Ma i casi di frode possono essere ben più numerosi. E la legge penale, dopo aver delineato nel citato art.640 lo schema generale della truffa, prevede una serie di specifici tipi di frode: quello riguardante contributi, finanziamenti, mutui agevolati ovvero altre erogazioni dello stesso tipo, concessi o erogati da parte dello Stato, di altri enti pubblici o della Unione europea; la frode informatica, consistente nell'alterare in qualsiasi modo il funzionamento informatico o nell'intervenire senza diritto su dati, informazioni o programmi contenuti in un sistema informatico o telematico o ad esso pertinenti, procurando a sé o ad altri un ingiusto profitto con altrui danno; la frode consistente nel contrarre una obbligazione col proposito di non adempierla e dissimulando (cioè nascondendo) il proprio stato di insolvenza; ecc.

Siccome architettare una truffa richiede spesso, nel truffatore, una certa dose di fantasia e di inventività, c'è in genere una pericolosa tendenza a guardare la truffa con indulgenza un po' divertita; e il legislatore stesso ha recepito sostanzialmente tale tendenza all'indulgenza, stabilendo che la truffa non accompagnata da aggravanti sia punibile a querela della persona offesa, cioè solo nel caso in cui la vittima non si limiti a denunciare il fatto, ma espressamente chieda - entro tre mesi - che l'autore di esso venga punito a norma di legge. Ciò, a mio avviso, è molto inopportuno, perché anche una truffa non aggravata può recare ingenti danni alla vittima (specialmente nel caso in cui sia una persona anziana ed ingenua), la quale può trovarsi privata di tutti i suoi risparmi, può non essere al corrente della necessità di presentare prontamente querela per veder punito il truffatore e può quindi correre il rischio di subire non solo il danno ma anche le beffe.

Va poi ricordato e stigmatizzato un tipo di inganno, che non ha le caratteristiche della truffa ma che costituisce comunque una grave forma di nascondimento della realtà in danno dello Stato e di tutta la collettività nazionale. È l'evasione fiscale, consistente nel dichiarare falsamente, nella propria annuale dichiarazione dei redditi, un reddito inferiore a quello reale, oppure nel non presentare la dichiarazione dei redditi, facendo credere di non avere reddito mentre invece un reddito si ha. Con un comportamento di tal genere - che può assumere forme svariatissime e sofisticate - il cittadino si sottrae al dovere, costituzionalmente sancito (art. 53 della Costituzione), di concorrere alle spese pubbliche in ragione della sua capacità contributiva (cioè in ragione del suo reale reddito). Il fenomeno dell'evasione fiscale e della elusione fiscale[36] è - come ho già detto - un fenomeno purtroppo assai diffuso in Italia, ed è necessario che lo Stato si attrezzi meglio per sconfiggerlo e si adoperi affinché cresca nella popolazione la coscienza tributaria, che è un aspetto importante della cultura della legalità.

3) Vari tipi di uso arbitrario e corrotto del potere.

Si tratta di una materia di grande attualità poiché l'illecita gestione del potere, piegata a vantaggio degli interessi privati o degli interessi di partito, si è rivelata, in questi ultimi anni, essere un costume molto diffuso che ha gravemente compromesso la legalità ed ha sottratto enormi somme al bilancio dello Stato e degli altri enti pubblici.

Il vasto fenomeno, con i numerosi processi penali a cui diede (e continua a dare) origine, venne giornalisticamente denominato

---

[36] L'evasione fiscale consiste nell'occultare redditi esistenti o nel dedurre costi inesistenti (ad esempio, false fatture per costituire fondi neri). L'elusione consiste, invece, nell'approfittare delle imperfezioni delle leggi tributarie per ricavarne delle scappatoie attraverso cavilli interpretativi.

«Tangentopoli», e già vi ho accennato nel paragrafo 26. In quei processi si è discusso di reati i cui nomi sono rimbalzati su tutti i mezzi di comunicazione sociale, raggiungendo una amplissima notorietà: corruzione, concussione, peculato, abuso d'ufficio, finanziamento illecito dei partiti, e così via.

Ma non tutti hanno idee chiare su quei reati; e a me è persino capitato recentemente di udire alla radio, con le mie orecchie, un giornalista commettere il grosso errore di affermare che il reato di concussione è meno grave del reato di corruzione. È importante, allora, per orientarsi in modo corretto e per combattere in modo mirato la delinquenza amministrativa d'alto bordo (quella che viene anche chiamata "delinquenza dei colletti bianchi"), conoscere almeno schematicamente i reati più ricorrenti. Mi soffermerò brevemente su tre reati.

a) Il reato di illecito finanziamento dei partiti consiste nel compiere erogazioni in denaro a favore di un partito senza l'osservanza delle precise regole che la legge in materia stabilì a garanzia della trasparenza che deve caratterizzare il finanziamento dei partiti. Questi ultimi ricevevano dallo Stato cospicui finanziamenti, la cui entità era stabilita dalla legge 2 maggio 1974 n.195 (modificata ed integrata dalla legge 18 novembre 1981 n.659). Alcune norme di quella legge vennero abrogate da un referendum del 1993, il quale, però, non riguardò la norma penale dell'art.7.

L'art.7 legge n.195/74 dispone che sono vietati i finanziamenti o i contributi, sotto qualsiasi forma e in qualsiasi modo erogati, da parte di organi della pubblica amministrazione, di enti pubblici, di società con partecipazione di capitale pubblico superiore al venti per cento o di società controllate da queste ultime, ferma restando la loro natura privatistica, a favore di partiti o loro articolazioni politico-organizzative e di gruppi parlamentari. Aggiunge, il detto art.7, che sono vietati altresì i finanziamenti o i contributi sotto qualsiasi forma, diretta o indiretta, da parte di società non comprese tra quelle sopra elencate, salvo che essi siano stati deliberati dall'organo sociale competente e regolarmente iscritti a bilancio, e sempreché non siano comunque vietati dalla legge.

La violazione di queste regole viene punita con la reclusione da sei mesi a quattro anni e con la multa fino al triplo delle somme versate in violazione della legge. In base a tale norma moltissimi politici di vari partiti vennero processati e condannati nel corso degli anni Novanta: molti di essi, che erano parlamentari da varie legislature, avevano contribuito essi stessi ad emanare quelle regole e poi le avevano disinvoltamente violate.

Una recente legge (la legge 2 gennaio 1997 n.2) contiene nuove norme sul finanziamento dei partiti, ma non ha abrogato la norma penale di cui al predetto art.7: quest'ultimo è, dunque, tuttora vigente.

b) Il reato di corruzione viene commesso dal pubblico ufficiale (cioè da chi esercita una pubblica funzione: parlamentare, ministro, magistrato, sindaco, assessore, preside, agente o ufficiale di polizia ecc.) quando riceva denaro o altra utilità (o ne accetti la promessa) per compiere un atto contrario ai doveri del proprio ufficio (art.319 Codice penale) oppure per compiere un atto del proprio ufficio (art.318 Codice penale). Nel primo caso (atto contrario ai doveri d'ufficio) il reato è ovviamente più grave (pena da due a cinque anni di reclusione) che non nel secondo caso (pena da sei mesi a tre anni di reclusione), dato che nel secondo caso l'illecito consiste nel ricevere una retribuzione per un atto d'ufficio che dovrebbe comunque venir compiuto ma che dovrebbe essere compiuto gratuitamente.

In questi due casi di corruzione esistono un corrotto (il pubblico ufficiale) e un corruttore (il privato che dà o che promette di dare), e il corruttore viene punito allo stesso modo del pubblico ufficiale.

c) Il reato di concussione è assai diverso, perché consiste nel comportamento di un pubblico ufficiale che, abusando della sua qualità o dei suoi poteri, costringa o induca taluno a dare o a promettere indebitamente denaro o altra utilità. Qui siamo di fronte ad un pubblico ufficiale il quale, più che tradire la propria funzione facendone mercato nel quadro di un accordo criminoso ("io ti do l'atto d'ufficio o l'atto contrario ai doveri d'ufficio e tu mi paghi": corruzione), approfitta addirittura della superiorità che gli proviene dalla pubblica funzione per vessare, per taglieggiare il privato cittadino imponendogli il pagamento di una "tangente" se vuol conseguire il risultato a cui avrebbe diritto.

Siamo di fronte, in sostanza, ad una forma speciale di estorsione, in cui la violenza o minaccia si manifesta attraverso l'abuso della qualità di pubblico ufficiale o dei poteri che le sono connessi. Il privato diventa pertanto una vittima a cui si prospettano due alternative: o pagare, chinando il capo, o rinunciare al risultato a cui avrebbe diritto (risultato che potrà essere, ad esempio, la partecipazione ad un appalto pubblico o la stipulazione di un contratto con la pubblica amministrazione). È chiaro, allora, che la concussione è un reato più grave della corruzione: ed infatti l'art.317 Codice penale lo punisce con la reclusione da quattro a dodici anni; ma punisce, ovviamente, soltanto il pubblico ufficiale; non il privato, il quale si trova, piuttosto, nella posizione di vittima.

La linea di confine tra corruzione e concussione è spesso assai sfumata e ha dato luogo a lunghi e complessi dibattiti che non è qui il luogo di riassumere. Per dare un'idea di quei dibattiti ricordo soltanto che uno dei criteri - peraltro non decisivi - che vennero avanzati per distinguere le due figure di reato fu quello di accertare se, di fronte al pubblico ufficiale, il privato si sia trovato nella condizione di chi *certat de lucro captando* (cioè di chi si adopera per conseguire un vantaggio) oppure nella condizione di chi *certat de damno vitando* (cioè di chi si adopera per evitare un danno). Nel primo caso il privato sarebbe corresponsabile col pubblico ufficiale per corruzione; nel secondo caso il privato sarebbe vittima di una concussione da parte del pubblico ufficiale e andrebbe esente da pena.

Nei processi per «Tangentopoli» si parlò spesso di "concussione ambientale", mettendosi in evidenza, con tale espressione, che spesso il privato imprenditore s'era trovato a vivere e a lavorare in un ambiente in cui, a causa della diffusione del malcostume politico-amministrativo, era diventato "sistema" che un imprenditore versasse tangenti per poter avere lavoro per la propria impresa: questa situazione ambientale esercitava, tacitamente ma efficacemente, una coercizione psichica alla quale l'imprenditore non poteva sottrarsi se non subendo la conseguenza di essere escluso dalla stipulazione di contratti con la pubblica amministrazione.

In relazione a una situazione di tal genere, che presenta dimensioni colossali e che si risolve in «una gigantesca usurpazione di potere politico, sottratto alle sedi istituzionali e transitato in sedi private (congreghe partitiche, *lobbies*, centri direzionali occulti, pullulanti di 'faccendieri' e di mediatori politico-affaristici)», è stato detto giustamente che la distinzione tra corruzione e concussione finisce persino per risultare inadeguata e che quei reati finiscono per essere dei contenitori angusti, non sufficienti ad esprimere adeguatamente la carica di illegalità che la situazione contiene: «sarebbe come voler ridurre una devastazione alla somma di tanti piccoli danneggiamenti, come ridurre un saccheggio in una miriade di furtarelli»[37]. Si è trattato, infatti, di un fenomeno che, per la sua vastità e sistematicità, non si è limitato a colpire questo o quell'aspetto della pubblica amministrazione, bensì ha colpito e messo in questione la esistenza stessa di una pubblica amministrazione degna di questo nome.

Ciò va tenuto presente quando si sente parlare di "chiusura di Tangentopoli", di amnistie e di "colpi di spugna" destinati a salvare dalla sanzione penale chi ha tradito l'interesse pubblico e la propria funzione; oppure quando si prospetta la depenalizzazione del reato di illecito finanziamento dei partiti (reato che, seppur di natura diversa da quella dei reati di corruzione e di concussione, ha costituito pur sempre una grave violazione della legalità, commessa nel segno di una insaziabile ingordigia e di un disordine amministrativo freddamente calcolato e accuratamente mascherato).

A proposito di "depenalizzazione" ricordo che essa significa non considerare più reato un comportamento che in precedenza la legge prevedeva come reato; e siccome la abolizione di un reato ha efficacia retroattiva (cioè coinvolge e rende non punibili anche i reati commessi sotto la precedente legge), appar chiaro l'interesse che molti politici di dubbia condotta hanno alla depenalizzazione del reato di finanziamento illecito dei partiti: diventare automaticamente "puliti" e impunibili in virtù di una leggina di poche righe che costituirebbe un autentico colpo di spugna. Un simile vergognoso tentativo è già stato fatto dal Parlamento nel luglio 1997, ma fortunatamente è andato a vuoto.

---

[37] T. PADOVANI, *Il problema "Tangentopoli" tra normalità dell'emergenza ed emergenza della normalità*, in *"Rivista italiana di diritto e procedura penale"*, Milano, 1996, pagg. 448 e segg.

42. Alcune forme insidiose e striscianti di illegalità

Oltre alle illegalità di rilevanza penale, vanno ricordate altre forme di illegalità che non cadono solitamente sotto il Codice penale ma che sono anch'esse da conoscere e da smascherare. Esse sono meno evidenti, ma sono molto insidiose poiché inquinano il tessuto dei rapporti sociali attribuendogli una connotazione di illegalità diffusa e sfuggente, a cui il cittadino si rassegna come se si trattasse di una connotazione normale, proprio per la sua diffusione e la sua apparente inevitabilità.

Si tratta di questo. Quando, in seguito ad elezioni politiche o amministrative, si verifica un "cambio della guardia" ai vertici di una pubblica amministrazione (governo nazionale o regionale o provinciale o comunale) tutti i posti di governo vengono occupati da uomini del partito (o della coalizione di partiti) vincente: il che è normale perché risponde all'esigenza di omogeneità e di compattezza del governo stesso. Tuttavia l'avvicendamento non si limita ai posti di governo, bensì investe anche i posti direttivi di enti vari (enti previdenziali, banche, enti di assistenza, enti di promozione culturale ecc.): tutti gli uomini dell'area politica perdente vengono sostituiti da uomini dell'area politica vincente, di solito in base all'unico criterio della appartenenza politica, senza alcun riguardo alle specifiche competenze tecniche e professionali. In tal modo persone incompetenti vanno spesso a sostituire persone competenti alla direzione di istituzioni che richiederebbero competenza tecnica, esperienza manageriale e continuità di gestione: con grave danno per l'interesse pubblico e, specificamente, per l'utilità della collettività in cui l'ente opera.

Ma il discorso non si ferma qui perché nella discriminazione vengono travolti anche tutti coloro che, come privati, hanno avuto occasione di lavorare sotto il governo precedente. Cittadini che hanno avuto appalti, concessioni, incarichi di qualsiasi genere dal governo uscente vengono guardati dai nuovi governanti come dei potenziali nemici e, non appena possibile, vengono scalzati e sostituiti da altri soggetti, benvisti dai nuovi gestori del potere; e i finanziamenti per le più svariate iniziative (assistenziali, culturali, ricreative ecc.) vengono immediatamente dirottati verso persone appartenenti all'area del governo, a prescindere da ogni considerazione circa la bontà o meno delle prestazioni che i precedenti cittadini avevano reso alla collettività.

Non solo. Ai nuovi fruitori dei finanziamenti si dice espressamente, o si fa intendere in modo inequivoco, che l'erogazione dei finanziamenti stessi avrà corso solo se il servizio prestato sarà politicamente in linea con l'orientamento dei nuovi governanti: anche qui prescindendo dalla obiettiva valutazione del contenuto del servizio e della sua reale rispondenza all'interesse pubblico in funzione del quale viene programmato.

In pratica, dunque, i cittadini non vengono posti tutti sullo stesso piano e vengono discriminati in base all'orientamento politico, con una palese violazione dell'art.3 della Costituzione, il quale stabilisce, fra l'altro, che tutti i cittadini sono eguali davanti alla legge, senza distinzione di opinioni politiche.

Il fatto che non sempre e non dappertutto ciò avvenga nulla toglie alla ampiezza e alla gravità del fenomeno.

Si tratta di una forma di illegalità, che, a parte le ipotesi di abuso d'ufficio (un reato che oggi si vorrebbe abolire), difficilmente cade sotto il Codice penale, ma che - come ho detto - costituisce un costume diffuso: una illegalità insidiosa e strisciante, nei cui confronti occorre svolgere un'opera di smascheramento, di denunzia, di critica, di ferma opposizione, qualunque sia la parte politica che, di volta in volta, si trova a praticarla.

43. Un concentrato di illegalità: la mafia

Con la parola "mafia" intendo qui indicare non soltanto la mafia siciliana (cioè la struttura criminale segreta a cui tradizionalmente viene riferita la parola "mafia"), ma altresì le analoghe organizzazioni criminali che affliggono regioni nobilissime come la Puglia, la Calabria, la Campania e che assumono localmente denominazioni svariate ("'ndrangheta" in Calabria, "sacra corona unita" in Puglia, "camorra" in Campania).

È noto che la mafia tende a presentarsi come l'"anti-Stato". Essa ha una sua organizzazione, articolata in vari livelli di appartenenza, dotata di capi, di ferree leggi interne, di uno spietato sistema sanzionatorio basato sulla violenza più brutale. Essa tende ad occupare gradualmente tutto il territorio su cui opera, a sostituirsi all'autorità dello Stato, a imporre balzelli che esige attraverso una rete di estorsioni, ad insinuarsi nei poteri pubblici (cioè negli uffici dello Stato, delle

Regioni, delle Province, dei Comuni) al fine di acquisire appoggi e di arricchirsi col denaro pubblico attraverso un vasto giro di appalti dominato dalla violenza, dalla corruzione, dai favoritismi. Il *racket*, il traffico degli stupefacenti e il traffico in materia di armi, di prostituzione e di immigrazione clandestina costituiscono alcune delle attività su cui la mafia prospera facendo guadagni favolosi. La "cultura mafiosa" è una concezione della vita in chiave di violenza e di prevaricazione, e genera oppressione, sfruttamento, terrore, servilismo.

In questo losco quadro di violenze e di abusi si inserisce, poi, la lotta tra le varie "famiglie" o "cosche" mafiose, lotta che è destinata a conseguire il predominio nelle attività più lucrose e che si svolge attraverso scontri, rappresaglie, assassinii: le cosiddette faide, vere e proprie catene di vendette, con le quali una cosca tende a distruggere la cosca rivale attraverso una serie di omicidi che non risparmiano neppure parenti estranei alla rivalità e giungono a colpire anche bambini in tenerissima età. Negli ultimi tempi, poi, le faide e i regolamenti di conti sono esplosi in conflitti a fuoco che si sono svolti in pieno giorno nelle pubbliche vie delle città, facendo vittime addirittura tra coloro che passavano in quel luogo per caso.

Il carattere di "anti-Stato" si esprime altresì nella violenza con cui la mafia reagisce alle inchieste giudiziarie e ai processi che la magistratura instaura sui delitti dei mafiosi: una violenza che si manifesta uccidendo magistrati e appartenenti alle forze dell'ordine, nonché cercando di eliminare quei mafiosi che decidano di collaborare con la giustizia e cercando di vendicarsi anche attraverso vendette "trasversali" (cioè vendette che colpiscano i parenti del mafioso collaborante).

Chiunque collabori con la giustizia (anche soltanto attraverso la testimonianza di ciò che si sia trovato a vedere casualmente in occasione di un delitto) viene considerato come un nemico che va intimorito ed eventualmente eliminato. E il mafioso che decida di collaborare con la giustizia viene considerato un "infame", meritevole del più totale disprezzo e di una morte infamante.

Si può ben dire, allora, che la mafia è un concentrato di illegalità: e delle illegalità più gravi, macroscopiche, devastanti che immaginar si possano. È stato anche detto che la mafia è, in fondo, un vero e proprio "modello di sviluppo"[38]. A prima vista ripugna parlar di "modello " con riferimento alla mafia; ma è chiaro che qui si parla di modello negativo, illegale. E in effetti l'espressione mette in evidenza che la mafia rappresenta "uno svelamento, un denudamento della cifra di violenza mimetizzata nelle società occidentali": modello, dunque, nel senso che esprime in modo palese ed emblematico la quintessenza della violenza di cui è impregnata la società materialistica della nostra epoca.

Contro tale modello di illegalità è giusto che lo Stato reagisca con grande fermezza.

Il reagire si presenta, tuttavia, molto difficile e impegnativo, non soltanto per il potenziale di violenza che la mafia può sviluppare senza scrupolo alcuno, ma anche e soprattutto perché la mafia è riuscita a guadagnarsi qualche connivenza da parte dei poteri pubblici (specialmente in campo amministrativo nazionale e locale), e perché il clima di terrore che essa diffonde nella popolazione ha instaurato da lungo tempo un costume di "omertà", in forza del quale la gente non parla, non testimonia e si limita ad affermare di non sapere, di non aver visto, di non aver sentito nulla (ma su ciò torneremo più avanti)[39].

Non solo. Ad onta delle aberrazioni di violenza e di sangue di cui la mafia è portatrice, il mafioso incarna un modo di vivere che esercita una forte attrazione in certi ambienti socialmente sottosviluppati. Guglielmo Minervini suggerisce un esercizio mentale utilissimo: cercare di approssimarsi all'immaginario di un bambino dei quartieri più disastrati ed emarginati di Palermo o di Reggio Calabria o di Bari o di Napoli e dintorni[40].

Agli occhi di quei bambini il mafioso incarna un modo attraverso cui alcuni valori tradizionali (la famiglia, il clan, la reputazione, il senso della parola data ecc.) sopravvivono nella attuale

---

[38] G. MINERVINI, *Mafia. Le radici, le strutture, le connivenze, il modello di sviluppo, le possibili risposte*, in *"La Rocca"*, Assisi, 15 marzo 1992, pag.27 e segg.
[39] Da quella omertà derivarono le innumerevoli (e pressoché sistematiche) assoluzioni per insufficienza di prove nei processi di mafia. Ma da quando i giudici cominciarono ad indagare con maggiore incisività collegandosi tra loro, scambiandosi dati ed esperienze, maturando una strategia giudiziaria idonea a fronteggiare il potentissimo avversario e giungendo a lambire i "santuari" di ipotizzate connivenze tra mafia e politica, le polemiche contro la magistratura si alzarono di tono, fino a diventare violentissime (per una analisi del fenomeno: P. BORGNA e M. CASSANO, *op. cit.*, pag.27).
[40] G. MINERVINI, *op. cit.*, pagg.33-34.

società postmoderna, centrata sui modelli del successo, del benessere, dell'opulenza. Nel massiccio condizionamento operato da quei modelli, quei bambini sentono, attraverso una fittissima rete di impulsi-messaggi, di essere implacabilmente esclusi dal successo economico e, nel loro vuoto di "cultura", non possono compensare il mancato raggiungimento di quel successo con gratificazioni alternative, come un lavoro soddisfacente, una collocazione sociale, una prospettiva di carriera ecc.

In tale situazione l'unico e più attraente modo per abbreviare la distanza dal proprio riconoscimento sociale è l'escursione nella illegalità: e nella illegalità mafiosa, dove il "rispetto" e l'"onore" sono di casa, dove i più attivi nel crimine hanno effettiva possibilità di fare carriera all'interno della società mafiosa, dove i guadagni sono facili e abbondanti, e dove domina incontrastata la figura del "duro", dello "spietato", così spesso presentata come riuscito e affascinante tipo umano dal cinema e dalla televisione.

La mafia non è, dunque, soltanto un'organizzazione criminale; è anche un particolare modo di essere (il "pensare mafioso", la "cultura mafiosa") che molta pubblicistica italiana ha studiato e approfondito[41], e dal quale non si può prescindere se si vogliono indicare (come faremo nel capitolo seguente) alcune linee di azione a favore di una cultura della legalità.

---

[41] Tra quegli scritti ricordo: G. FALCONE e M. PADOVANI, *Cose di Cosa Nostra*, Rizzoli, Milano, 1991; I. FIORE, *Le radici inconsce dello psichismo mafioso*, Franco Angeli, Milano, 1997; N. TRANFAGLIA, *La mafia come metodo*, Laterza, Bari, 1991; B. MARTIN, *La piramide rovesciata*, La Meridiana, Molfetta, 1990; F. DI MARIA, S. DI NUOVO, A. M. DI VITA, C. G. DOLCE, A. M. PEPI, *Il sentire mafioso*, Giuffrè, Milano, 1989; V. MERCADANTE, *Sottocultura mafiosa*, Ila Palma, Palermo, 1986. Da ultimo: I. FIORE, *Psicologia e psicopatologia del "pensare mafioso"*, in *"Aggiornamenti sociali"*, Milano, 1997, pagg.273 e segg.
Quanto alla vastissima produzione di carattere giuridico, ricordo soltanto, tra i lavori più recenti: G. SPAGNOLO, *L'associazione di tipo mafioso*, Cedam, Padova, 1997; G. INSOLERA, *Diritto penale e criminalità organizzata*, Il Mulino, Bologna, 1996; G. DE FRANCESCO, *Associazione per delinquere e associazione di tipo mafioso*, in *"Digesto delle discipline penalistiche"*, Utet, Torino, vol.I, 1987, pagg.289 e segg.

Capitolo V
Linee per la costruzione di una cultura della legalità

44. Sviluppare gli anticorpi

In una società che è costruita all'insegna della massimizzazione del profitto e che proietta tale principio su scala planetaria, imprimendo all'economia del globo una spinta competitiva selvaggia (la quale porta allo sfruttamento indiscriminato di popoli e di territori, alla distruzione dell'ecosistema, alla violazione dei diritti umani, alla crescente emarginazione di immense moltitudini di uomini e donne, alla polverizzazione della solidarietà) è indispensabile - dice il sociologo Franco Ferrarotti - sviluppare gli "anticorpi"[1]. Come è noto, in un organismo gli anticorpi sono elementi essenziali del sistema immunitario, cioè di quel sistema con cui l'organismo stesso normalmente reagisce agli attacchi di agenti dannosi alla salute.

Nel caso di specie gli anticorpi, secondo Ferrarotti, sono idee e movimenti che vanno contro corrente, valorizzando e praticando la solidarietà. il rispetto della persona, l'accoglienza del "diverso". E in effetti l'esplosione che, negli ultimi decenni, ha avuto, in Italia, il volontariato dimostra come esistano nella nostra società, a livello profondo, risorse insospettabili di disponibilità, di impegno, di generosità che coinvolgono sia il mondo giovanile che il mondo degli adulti. Si tratta di un fenomeno che è l'esatto opposto della massimizzazione del profitto: tanto che i movimenti di volontariato vengono inquadrati nella categoria del *non profit*, cioè del "non profitto", della "gratuità".

Tale categoria è molto vasta, e comprende non soltanto il volontariato in senso stretto: comprende altresì innumerevoli gruppi, associazioni, cooperative senza fini di lucro, che operano per scopi di pubblica utilità sia sul territorio nazionale che nei Paesi in via di sviluppo. Si tratta di un campo di attività che non appartiene né allo Stato né al "mercato" e che pertanto viene solitamente indicato, oltreché con l'espressione "settore *non profit*", anche con le espressioni "Terzo settore" o "Terzo sistema" o "Privato sociale" o altre analoghe[2].

---

[1] F. FERRAROTTI, *Come Davide di fronte a Golia - Intervista di F. Cardarelli*, in *"Rivista del Volontariato"*, maggio 1997, pagg.16-18.

Che il valore "solidarietà" sia un anticorpo "naturale", pienamente rispondente alle esigenze della persona umana, è un dato di fatto incontestabile per la sua immediata evidenza. Oltre tutto, se ne ritrova conferma nel fatto che nel mondo giovanile di oggi è molto diffusa l'esigenza del trovarsi insieme, di relazioni amicali, di riti collettivi (come i concerti di *rock* o di *rap*). E Franco Ferrarotti afferma che «forse, quello che al mondo adulto appare come ricerca di uno stare insieme prerazionale o irrazionale,... in realtà significa ed esprime un bisogno di valori trascendenti, una profonda insoddisfazione nei confronti dello stesso mondo adulto... in nome di una visione neocomunitaria. C'è un fortissimo bisogno di fratellanza, di solidarietà, anche se ricercato in maniera selvaggia e perseguito secondo modelli di comportamento del tutto discutibili»[3].

Ritengo di poter condividere queste considerazioni. D'altra parte, chi conosca qualcosa del *rap* si rende conto benissimo che assai spesso quei testi esprimono sentimenti molto profondi, interrogativi esistenziali, nostalgia di valori trascendenti, esigenza di solidarietà e di fratellanza. Esprimono, in sostanza, una "domanda di senso" che sale dal mondo giovanile e non soltanto da quello giovanile.

Sviluppare gli anticorpi, dunque: e svilupparli allargando lo sguardo anche al di là del volontariato, poiché - come ho detto - il volontariato non è che una delle manifestazioni della forte "domanda" di valori che percorre la nostra società, pur appiattita da una verticale caduta di evidenze etiche e dalla prevalente tendenza alla ricerca del proprio interesse ad ogni costo.

Educare alla solidarietà, allo spirito di servizio, al rispetto dei diritti altrui significa porre l'accento sui doveri e non soltanto sui diritti; significa educare a un'etica della responsabilità; significa dare alla vita un senso che va oltre l'affermazione dell'interesse personale e che ti fa sentire costruttore di una società più umana, più giusta, più vivibile.

Oggi a molti giovani manca questo orizzonte ampio e affascinante. Una vita centrata su se stessi naufraga facilmente nella insignificanza, nella monotonia, nella noia, nel disgusto, nella ricerca di

---

[2] Per una conoscenza approfondita di questa tematica è molto utile l'ampia ed accurata indagine di L. BOBBA e A. NANNI, *Viaggio nel Terzo settore*, Edizioni Sonda, Torino, 1997.
[3] F. FERRAROTTI, *op. cit.*, pag.17.

evasione, di emozioni forti, di azioni inedite: lo sbocco di ciò è il teppismo, o la droga, o la scommessa in cui si sfida la morte, o l'azione delittuosa (sia essa il furto o la rapina o il lancio di sassi dal cavalcavia di un'autostrada o l'invadere, in gruppo, la casa di un coetaneo in occasione di una festa a cui non si è stati invitati e mettere tutto a soqquadro, distruggere, depredare, approfittando della sorpresa, dell'anonimato e dell'essere in molti).

Una vita aperta agli altri, sensibile ai problemi della collettività nazionale e dell'intera umanità, donata al servizio di persone bisognose di aiuto (dai portatori di handicap agli anziani soli, dai "barboni" ai ragazzi a rischio, dai tossicodipendenti ai carcerati o ex carcerati, dai malati di mente ai malati di AIDS, dagli immigrati alle popolazioni colpite da calamità naturali, dalle vittime della fame nel mondo a quelle delle innumerevoli guerre che insanguinano il pianeta ecc.) è una vita costruttiva, piena di senso e di luce, in cui la personalità si realizza e cresce attraverso il dono che fa di sé agli altri e attraverso il dono che essa riceve dall'umanità di coloro che aiuta. In quella vita non ha spazio la noia perché, pur non mancando le difficoltà e i sacrifici, la sensazione di essere utile agli altri e di costruire qualcosa di umanamente valido impiegando le proprie risorse di intelligenza, di volontà, di affettività, rende gioioso e gratificante l'impegno.

45. «Completare la statua della libertà»

Quanto sopra ho detto esprime, allora, un aspetto di un problema più generale: quello della "domanda di senso" che oggi sale dalla società postmoderna in cui viviamo. Uno studioso di questi problemi, lo psicoterapeuta Viktor Emil Frankl (che visse la tragica esperienza del campo di sterminio di Auschwitz, dove la sua famiglia venne distrutta e dove - di fronte alla tentazione della disperazione e del suicidio - ebbe modo di riflettere sulla radicale capacità dell'uomo di fronteggiare qualunque situazione di dolore) ha scritto un libro sulla "sofferenza di una vita senza senso", nel quale ha affermato, fra l'altro, che la libertà può sfociare in arbitrio se non è sostanziata e vissuta nella responsabilità, ed ha aggiunto: "Ecco perché ai miei studenti americani sono solito raccomandare di completare la statua della libertà, già posta su una sponda all'ingresso del porto di New York, con quella della responsabilità, da innalzare sull'altra riva"[4].

Il fatto è che spesso, nel parlare della libertà, ci si ferma ad un solo aspetto: quello della "libertà da". Esso è un aspetto certamente importante (libertà dai condizionamenti biologico-somatici, psicologico-caratteriali e socio-ambientali), ma non esaurisce il concetto di libertà. Quest'ultimo si completa, infatti, con l'aspetto - solitamente trascurato - di "libertà per", riguardante il positivo orientamento della libertà verso la realizzazione di determinati valori (come la gratuità, la solidarietà, la giustizia, il rispetto dei diritti umani ecc.).

Una simile impostazione mette l'accento sulla essenziale importanza della responsabilità e quindi sul ruolo che ha, nell'educazione ad una autentica cittadinanza, la presa di coscienza dei propri doveri, così spesso trascurati, emarginati e rimossi (come ho ricordato nei paragrafi 37 e 38). Già Simone Weil, nella prima metà del Novecento, aveva posto in evidenza come il dovere avesse un ruolo primario rispetto al diritto. L'acutissima intelligenza di quella donna eccezionale aveva colto perfettamente che "un diritto non è efficace di per sé, ma solo attraverso l'obbligo corrispondente", perché la realizzazione effettiva di un diritto "non viene da chi lo possiede (cioè da chi ne è titolare), bensì dagli altri uomini che si riconoscono, nei suoi confronti, obbligati a qualcosa"[5]. Dunque, il rivendicare i propri diritti ignorando i propri doveri significa rovesciare sugli altri i doveri stessi e rifiutare le proprie responsabilità; significa, in sostanza, capovolgere l'etica, facendo violenza agli altri attraverso il proprio autoesonero dai doveri: un autoesonero paludato con le nobili vesti del diritto soggettivo.

È chiaro, allora, che una "cittadinanza" autenticamente intesa non deve basarsi sulla rivendicazione dei diritti (col rischio di ridursi ad una cittadinanza "esonerante"[6], in quanto tendente a disimpegnarsi sul piano dei doveri e ad addossare esclusivamente alle istituzioni il dovere di salvaguardare i diritti degli altri e il bene comune), bensì deve basarsi sulla responsabilizzazione e sulla assunzione dei doveri come fattori di crescita personale e di crescita della società. Questa esigenza traspare

---

[4] V. E. FRANKL, *La sofferenza di una vita senza senso. Psicoterapia per l'uomo di oggi*, Elle Di Ci, Torino- Leumann, 1992, pag.120.

[5] S. WEIL, *La prima radice*, Mondadori, Milano, 1996, pag.15.

[6] Di "cittadinanza esonerante" parlano A. GEHLEN e M. ORSI, negli scritti citati nella nota 27 del Cap.IV.

insistentemente in talune correnti della filosofia contemporanea: se ne fanno portatori, fra gli altri, Lévinas, Jonas e Rawls. E l'*InterAction Council* (formato da statisti ed ex statisti di cinque continenti) ha recentemente elaborato una *Universal Declaration of Human Responsabilities* («Dichiarazione Universale dei Doveri dell'Uomo»), il cui testo è stato pubblicato su *Die Zeit* del 3 ottobre 1997 e la cui traduzione italiana è apparsa su *"Il Foglio"* di Torino nel dicembre 1997.

Ciò significa che gli "anticorpi" di cui ho detto poco fa vanno sviluppati attraverso un processo educativo che deve vedere impegnate tutte le agenzie educative: famiglia, scuole di ogni ordine e grado, chiese, gruppi, movimenti, stampa, televisione, ecc.[7] E quando parlo di educazione mi riferisco non soltanto alla educazione dei giovani ma anche alla educazione degli adulti: ogni persona è in continuo cammino ed è pertanto suscettibile di una revisione di vita, di un cambio di mentalità, di una crescita nella conoscenza e nella pratica dei valori. Non per nulla è andato facendosi strada, in questi ultimi decenni, il concetto di "educazione permanente". Ma tale concetto resta lettera morta se i canali naturali dell'educazione (cioè le agenzie educative che ho elencato) non recepiscono quella esigenza e tradiscono la loro funzione, degradandosi a meri strumenti di produzione di profitti.

46. Una strategia utile: la pedagogia narrativa

Oggi si parla molto di "pedagogia narrativa"[8], e l'espressione può sembrare, a prima vista, alquanto curiosa. Essa ha, tuttavia, un significato profondo se è letta e capìta in relazione a quanto abbiamo detto nel paragrafo 36 a proposito della "amnesia della storia" e della "perdita della percezione del futuro".

Nell'attuale prevalere di una società dell'immagine e dello spettacolo, che distrugge la dimensione del passato e del futuro (cioè della storia), riscoprire la narrazione significa riscoprire uno strumento educativo di grande incisività. S'intende che "narrazione" è cosa diversa

---

[7] È quello che Don Luigi Ciotti chiama "un grande investimento educativo" (L. CIOTTI, *Incontrare le persone, affrontare i problemi (e non viceversa)*, in AA.VV., *Non di sola coca. Anelli forti e anelli deboli nella catena del narcotraffico*, EMI, Bologna, 1997, pag.83).

[8] Cfr. per tutti: AA.VV., *Per una pedagogia narrativa*, EMI, Bologna, 1996.

da "informazione": la nostra società è troppo ricca di informazioni (i mass media ci somministrano quotidianamente un diluvio di informazioni, spesso superficiali e contraddittorie, che vivono lo spazio di un mattino) ed è, invece, poverissima di narrazione (intesa, quest'ultima, come racconto del passato e come comunicazione di esperienze significative).

A prima vista vien da domandarsi che cosa c'entri un discorso del genere con il tema della legalità. Lo spiegherò meglio nei paragrafi seguenti. Per ora mi interessa far presente che l'educazione alla legalità parte da lontano e che "sviluppare gli anticorpi" è un'operazione lunga e complessa.

Mi limiterò, dunque, a dire che la pedagogia narrativa può realmente costruire una relazione educativa, proponendosi alcuni obiettivi che Antonio Nanni riassume così[9]:

a) rafforzare nei giovani (e - aggiungo io - non solo nei giovani, poiché vi sono molti adulti di mezza età che sono sostanzialmente privi di "radici") la memoria storica come principale risorsa per la costruzione della propria identità;

b) educare al pensiero genealogico, alla ricostruzione paziente dei processi storici, alla dimensione diacronica della realtà;

c) avviare la costruzione di una memoria storica condivisa (nazionale, europea, planetaria);

d) favorire nei giovani (e - aggiungo anche qui - non solo nei giovani) la formazione di una identità narrante, aperta, dialogica, che sia sufficientemente forte e sicura per vincere la tentazione del ripiegamento nel dogmatismo e nel fondamentalismo;

e) controbattere il tentativo dei revisionisti storici di negare, minimizzare o far dimenticare l'olocausto degli ebrei nella seconda guerra mondiale e il genocidio perpetrato dai totalitarismi di ogni colore;

f) educare allo stupore e alla meraviglia, al linguaggio evocativo, poetico, immaginifico, creativo, fantastico, recuperando il valore del simbolo;

---

[9] A. NANNI, *Educare, narrare, sedurre*, in *ACLI oggi*, Speciale Koiné, n.39, 8 febbraio 1995, pag.3.

g) educare all'ascolto delle "altre memorie" (ad esempio, la narrazione "al femminile"), assumendo empaticamente il punto di vista dell'altro, soprattutto delle minoranze e dei vinti;

h) sperimentare la produzione di materiali narrativi (sia in forma individuale, sia in forma collettiva, sia come confronto culturale), nonché la raccolta di gesti, comportamenti, azioni simboliche, esercizi di cittadinanza attiva che sono già stati realizzati o che sono ancora da realizzare.

In questo quadro di pedagogia narrativa io collocherei anche l'educazione all'arte. L'arte (poesia, pittura, scultura, architettura ecc.) ha creato, in Italia e fuori d'Italia, capolavori straordinari che esprimono valori profondi e perenni attraverso un magistero artistico che suscita stupore, senso di poesia, entusiasmo per la bellezza. Imparare a contemplare quei capolavori, ricollegandoli alla storia personale dell'artista e inquadrandoli nelle vicende storiche del tempo, costituisce un formidabile strumento di pedagogia narrativa.

E tra le arti non va dimenticata la musica, che di esse è forse la più immediata, perché riesce ad esprimere l'inesprimibile e sa giungere direttamente al cuore dall'ascoltatore, facendo vibrare i sentimenti con insuperabile intensità. La conoscenza della vita dei grandi musicisti e delle circostanze in cui un musicista ha creato una certa composizione offre una chiave di ascolto che potenzia la capacità di comprensione della musica; ma al tempo stesso fornisce una prospettiva storica che giova al recupero del passato e alla scoperta delle proprie radici.

Già ho avuto occasione di dire che sono appassionato di musica classica (v. *retro* par.2): lo sono stato fin dalla giovinezza e ho sempre dedicato parte del mio tempo libero a far conoscere quella musica. Ho quindi avuto modo di constatare, per esperienza diretta, quale enorme fattore di "pedagogia narrativa" sia la musica, accompagnata dalla narrazione del processo creativo che le ha dato vita. E ciò non soltanto nei confronti dei giovani, bensì anche nei confronti di adulti e di anziani. Per esempio, ho tenuto vari cicli di "lezioni" musicali (con audizione di dischi) in parecchie Università della Terza età e mi ha sempre colpito la gioia e l'entusiasmo di molti anziani nello scoprire, alla loro età, un orizzonte nuovo (quello della musica classica) che spesso immaginavano noioso e insignificante e che, invece, si rivelava fonte di gioia e di gratificazioni[10]. La pedagogia narrativa attuata con l'ausilio della musica acquista una particolare incisività perché il giovarsi del linguaggio musicale oltreché di quello verbale le offre una pluridimensionalità che ne raddoppia l'efficacia.

47. Educazione alla legalità
come educazione ai rapporti interpersonali

Nel quadro pedagogico testé enunciato si inserisce perfettamente la educazione alla legalità. Essa va intesa come educazione al senso della legge e del rispetto della legge, utilizzando le nozioni generali che abbiamo tracciato nei primi tre capitoli. Ma bisogna stare attenti che la trasmissione di quei contenuti non si limiti ad una operazione astratta di tipo meramente informativo ed intellettualistico. Occorre, invece, far passare dei valori, in modo che l'educazione alla legalità non si fermi ad un livello nozionistico, ma scenda nel profondo, incida sulla formazione della personalità e coinvolga le scelte di vita.

A tal fine è necessario che l'educazione alla legalità si concreti in una educazione ai rapporti interpersonali. La legalità è, infatti, la squama esteriore e visibile di corretti rapporti interpersonali, improntati ad una autentica cittadinanza.

Il rispetto della legge comporta lo sviluppo della capacità di governare la propria aggressività e di risolvere in modo pacifico i conflitti interpersonali. Qui sta l'"anima" del rispetto della legge: senza quell'"anima" il rispetto della legalità si riduce ad un fatto formale ed esteriore, che risulta fragilissimo e non riesce a reggere alla pressione

---

[10] A chi interessasse questo tipo di esperienza mi permetto di segnalare che il metodo che seguo nelle mie "lezioni" musicali è quello stesso in base al quale ho impostato dieci volumetti sui grandi musicisti, pubblicati tra il 1990 e il 2013: R. VENDITTI, *Piccola guida alla grande musica*, Edizioni Sonda, Casale Monferrato (AL), corso Indipendenza 63, www.sonda.it (1° volume: Vivaldi, Bach, Händel, Haydn, Mozart, Beethoven; 2° volume: Schubert, Schumann, Mendelssohn, Chopin; 3° volume: Paganini, Liszt, Berlioz, Brahms; 4° volume: Franck, Ciajkowskij, Bruckner, Mahler; 5° volume: dall'epoca di Dante a quella di Goldoni; 6° volume: Grieg, Smetana, Dvořák, Musorgskij, Debussy; 7° volume: Scarlatti, Boccherini, Ravel; 8° volume: Pergolesi, Stravinsky; 9° volume: Sibelius, Rachmaninov; 10° volume: Saint-Saëns, Gershwin). Si tratta dei profili di alcuni grandi musicisti, in cui sono inserite alcune piste di ascolto per avviare alla comprensione e al gusto delle principali composizioni dei musicisti stessi.

delle spinte antisociali e antigiuridiche a cui il contesto sociale sottopone ogni cittadino.

Come ho detto, la vita sociale comporta necessariamente l'insorgere di conflitti; e la legge, dettando delle regole, cerca di far appello alla ragione e di evitare che i cittadini risolvano i conflitti azzuffandosi tra loro, "facendosi ragione con le proprie mani" (v. *retro* par.18), cioè sostituendo alla ragione la forza. Per capire e vivere la legalità occorre, allora, imparare a gestire i conflitti in modo nonviolento, come appunto richiede la legge. E siccome i conflitti sono inevitabili perché il vivere in società pone inevitabilmente a confronto interessi diversi e contrastanti, ecco che diventa essenziale educarsi a gestire quei conflitti nel modo più appropriato all'uomo, cioè usando la ragione, il leale confronto, il dialogo, il contemperamento dei contrapposti interessi.

Mi viene spontaneo un esempio. È frequentissimo che in una famiglia due fratelli o due sorelle debbano condividere la stessa camera. Ognuno dei due ha i suoi ritmi, i suoi orari, le sue abitudini: c'è chi si alza presto al mattino e chi ha bisogno di dormire più a lungo; c'è chi per studiare ha bisogno di silenzio e chi, invece, ha bisogno di avere l'accompagnamento di una colonna sonora; c'è chi ha da ricevere un amico e c'è chi è disturbato da quella visita, ecc. Nascono dei contrasti, cioè dei conflitti di interessi. Sarebbe assolutamente contrario alla natura dell'uomo (che è un essere razionale) se i due risolvessero la controversia a suon di pugni: vincerebbe chi ha più muscoli, non chi ha ragione; sarebbe il trionfo della forza bruta, dell'irrazionalità. È, invece, essenziale che il contrasto venga risolto alla luce della ragione, nel rispetto delle esigenze dell'uno e dell'altro, cioè trovando, di comune accordo, un *modus vivendi* che riesca a soddisfare, sia pure con un sacrificio di entrambi, le opposte esigenze. Non lo scontro violento, bensì la cooperazione.

Una impostazione di tal genere può essere considerata, con buona ragione, frutto di "educazione nonviolenta" ovvero di "educazione alla pace": tenendo presente che la parola "pace" sta qui ad indicare non soltanto la pace internazionale (concetto solenne, che riguarda i rapporti tra gli Stati e che è screditato dagli innumerevoli fallimenti incontrati nel corso della storia), ma anche - e prima di tutto - la pace nei rapporti interpersonali di ogni giorno: che è poi germe e radice di un nuovo tipo di rapporti tra etnie, tra popoli, tra culture diverse.

Sulla educazione nonviolenta e sulla educazione alla pace oggi gli studi sono innumerevoli, e innumerevoli sono i sussidi offerti in materia alla scuola, che è una agenzia educativa fondamentale in quella direzione[11]. La ricerca psicologica contemporanea ha messo in luce come l'aggressività umana sia dominabile ed evitabile. Quella ricerca non si è limitata a dimostrare che nell'uomo non esiste l'istinto di distruggere, bensì ha positivamente evidenziato - lo ricorda, molto opportunamente, Silvia Bonino, studiosa di psicologia dell'età evolutiva - che nell'essere umano esiste una precoce tendenza alla socialità, tendenza in virtù della quale l'aggressività non ha come necessario sbocco la lotta per infliggere danno all'altro, ma può essere canalizzata in un impegno di cooperazione, in una lotta per superare gli ostacoli e le difficoltà al fine di riuscire a convivere pacificamente con l'altro[12].

48. Identikit di una personalità in linea con la cultura della legalità

In questa prospettiva Giuliano Pontara ha parlato di "personalità nonviolenta"[13] ed ha tracciato l'*identikit* di tale personalità, individuandone dieci caratteristiche che, a mio avviso, disegnano una personalità perfettamente in linea con la cultura della legalità. Eccole:
1) il ripudio della violenza;

---

[11] Cito, fra i molti: P. ROVEDA, *Per educare alla pace,* Vita e pensiero, Milano, 1983; D. NOVARA e L. RONDA, *Scegliere la pace,* Edizioni Gruppo Abele, Torino, 1986; AA.VV., *Verso la pace. Come imparare la pace studiando la filosofia,* Elle Di Ci, Torino-Leumann, 1990; AA.VV., *Verso la pace. Come imparare la pace studiando la geografia,* Elle, Di Ci, Torino-Leumann, 1989; AA.VV., *Verso la pace. Come imparare la pace studiando la storia,* Elle Di Ci, Torino-Leumann, 1988; A. MARASSO, *Aggressività e violenza,* Edizioni Gruppo Abele, Torino, 1986; E. CAMINO, *I bambini e la guerra,* Edizioni Gruppo Abele, Torino, 1987. Da ultimo: D. NOVARA, *L'ascolto si impara. Domande legittime per una pedagogia dell'ascolto,* Edizioni Gruppo Abele, Torino, 1997; S. SHARONI, *La logica della pace. La trasformazione dei conflitti dal basso,* Edizioni Gruppo Abele, Torino, 1997.
[12] S. BONINO, *Educazione alla pace come educazione ai rapporti interpersonali,* in AA.VV., *Educare alla pace. Alla ricerca di una possibile identità,* Casa Editrice Mazziana, Verona, 1993, pagg.97 e segg.
[13] G. PONTARA, *La personalità nonviolenta,* Edizioni Gruppo Abele, Torino, 1996.

2) la capacità di identificare la violenza a tutti i livelli (da quello personale a quello istituzionale, da quello individuale a quello strutturale, da quello internazionale a quello intergenerazionale);

3) la capacità di empatia, cioè la capacità di identificarsi con un'altra persona, di immedesimarsi nel suo vissuto, di mettersi - in sostanza - nei suoi panni (ciò che nella lingua inglese vien chiamato *roletaking*);

4) il rifiuto di una autorità assoluta che imponga l'obbedienza incondizionata;

5) la fiducia negli altri e quindi la rinuncia a "de-umanizzare" l'avversario, cioè a farne un mostro da odiare e da distruggere con ogni mezzo (ricordo come Hitler demonizzava gli ebrei facendone dei nemici del popolo tedesco, e come Mussolini demonizzava, nei suoi discorsi, l'Inghilterra e le "demoplutocrazie", instillando l'odio contro gli angloamericani);

6) la disponibilità al dialogo, cioè l'apertura all'ascolto dell'altro e l'accettazione della prospettiva di non essere infallibile nelle proprie opinioni;

7) la mitezza, che non è remissività, ma è disposizione a non serbare rancore, a non desiderare il male dell'altro, a non essere vendicativo, a non volersi imporre sull'altro;

8) il coraggio, inteso come capacità di prender posizione e di assumersi le proprie responsabilità, come superamento della paura, come disposizione alla fermezza e ai rischi che possono conseguirne;

9) l'abnegazione, cioè la disposizione a sostenere sacrifici: anche quelli che possono derivare dall'impegno di minimizzare i danni che dal conflitto derivano all'avversario;

10) la pazienza, cioè la capacità di aspettare, di non lasciarsi scoraggiare, di non precipitare i tempi, di lasciarli maturare[14].

49. Un discorso desueto
ma attualissimo e ineludibile: i valori etici

A questo punto qualcuno potrebbe dire: «Ma i concetti che sono stati sviluppati finora non sono altro che una riedizione di quei valori

---

[14] G. PONTARA, *op. cit.*, pagg.40-67.

tradizionali che ritenevamo superati e non più invocabili in una visione moderna della realtà».

Già, si tratta proprio di riesplorare certi valori tradizionali che l'umanità aveva scoperto nel corso dei secoli: valori che spesso erano stati purtroppo travisati, traditi e male usati, ma che nella loro genuina realtà costituivano preziose acquisizioni di civiltà, alla cui crescita avevano dato il loro contributo molte delle più grandi figure della storia umana. D'altronde, quando parliamo di "valori costituzionali" (cfr. *retro* i paragrafi 7 e 10) facciamo riferimento, appunto, alla nozione di "valore", nel senso etico e civile del termine; e senza un riferimento ai valori etici non potrebbe esistere il discorso sull'obiezione di coscienza, discorso che - come abbiamo visto nel cap.III - ha una fortissima carica assiologica[15], cioè è proprio innestato sui valori etici in quanto vive della tensione dialettica tra "essere" e "dover essere".

Ora, i valori etici vennero, nel corso del Novecento, sottostimati, criticati, disprezzati, messi al bando - talora con vera e propria irrisione - da una cultura materialista e nichilista che svuotava di contenuto l'etica, che emarginava un'intera gamma di elementi della vita morale (mi riferisco al senso del dovere, alla dialettica tra il bene e il male, all'assunzione di responsabilità, al senso di colpa, al significato del pentimento e del perdono, alla fedeltà in tutte le sue dimensioni ecc.), che cancellava la distinzione tra bene e male in nome di un relativismo e di un permissivismo senza limiti. Tale concezione distruttiva ebbe talvolta carattere di reazione a modalità chiuse, grette, ipocrite di presentare e vivere i valori etici: in un certo senso, questi ultimi venivano rifiutati, più che per la loro sostanza, per la veste distorta e deforme con cui venivano presentati.

Comunque, è oggi ampiamente sentita l'esigenza di un lavoro paziente ed instancabile di riscoperta dei valori umani, di rivalutazione della dimensione etica, di recupero di elementari regole esistenziali idonee a restituire vivibilità al contesto sociale. Tenendo presenti due cose: 1) che una società a misura d'uomo non si costruisce soltanto sulla repressione (cioè sul negativo, sulla minaccia contenuta nelle leggi penali), ma ha bisogno di fondarsi su convinzioni positive, maturate da

---

[15] "Assiologico" vuol dire "riguardante i valori". Deriva dal verbo greco *axiòo*, che significa "stimare", "attribuire valore", e dalla parola *axios*, il cui significato è "meritevole", "che ha valore".

ogni singolo membro alla luce di "valori" proposti e condivisi; 2) che l'esistenza di regole non costituisce una compressione della persona né tanto meno una sua distruzione, ma - come ho ripetutamente sottolineato - costituisce un naturale presupposto per la crescita e per la realizzazione della persona.

Anche la filosofia di oggi avverte quella esigenza. Ho già ricordato Lévinas e la sua "fenomenologia del volto"[16], Hans Jonas, John Rawls. Potrei aggiungere Karl Otto Apel, il quale ha detto che il bisogno di un'etica universale non è mai stato così pressante come oggi, in cui assistiamo al formarsi, in forza degli sviluppi scientifico-tecnologici, di una società unificata su scala planetaria[17].

Certo, interpretare e vivere oggi i valori comporta modalità diverse da quelle seguite un secolo fa o anche soltanto quarant'anni fa. Col tempo l'umanità cresce nell'autocomprensione e si affina; cresce nella conoscenza stessa dei valori e del loro ruolo nella convivenza civile; e, alla luce del cammino fatto fino ad oggi (cammino nel quale rientra anche l'esperienza negativa prodotta dal rifiuto dei valori medesimi), è chiamata a viverli e ad attuarli con maggiore aderenza alle esigenze attuali. Si pensi soltanto al grande cammino che ha fatto in questi ultimi decenni la conoscenza dei diritti umani e la conseguente loro enunciazione a livello giuridico (cfr., più avanti, il paragrafo 59).

Forse un esempio eloquente di come può evolversi col tempo la concezione e la pratica di valori perenni lo possiamo ricavare dalla esperienza della Chiesa cattolica: la presentazione dei valori evangelici passò attraverso una lunga evoluzione storica, la quale risentì inevitabilmente dei contesti culturali via via succedutisi attraverso i secoli e culminò poi nel Concilio Vaticano II. Dall'epoca del Medioevo, in cui prevaleva una visione pessimistica dell'uomo e una conseguente svalutazione della natura umana, della corporeità e della vita terrena, la teologia cattolica ha fatto molta strada: una strada faticata, non priva di errori, di cadute, di incrostazioni mondane, di tradimenti dell'Evangelo; ma una strada che ha condotto la teologia a recuperare i più autentici valori evangelici e a scoprire la loro consonanza con le istanze più acute

---

[16] Cfr. retro la nota 1 del Cap.I.
[17] K. O. APEL, *L'etica nell'età della scienza*, pag.45, citato, senza indicazione dell'editore e dell'anno di edizione, da J. RUSS, *L'etica contemporanea*, cit., pag.50.

e più profonde dell'esistenza umana. Oggi il cristiano è un uomo o una donna che vive con pienezza la vita terrena: cerca di costruire qui, con gioia e in spirito di servizio, il Regno di Dio (che è regno di amore e di pace), ed opera nel mondo sapendo che esso non è la dimora definitiva, ma vivendo con intensità le realtà terrene (il lavoro, il matrimonio, la paternità e la maternità, i rapporti sociali, la costruzione della città dell'uomo in collaborazione con credenti di altre fedi e con non credenti).

Questo riferimento, meramente esemplificativo, ci aiuta a capire come il fenomeno dello sviluppo della autocomprensione riguardi tutte le istituzioni e, al di là di esse, riguardi l'umanità nel suo complesso.

Educare ai valori non significa, dunque, imporre una educazione moralistico-rigorista, spesso ipocrita e meramente formale, come avveniva nell'Ottocento e nella prima metà del Novecento; non significa chiudere i giovani in una gabbia di regole rigide e severe che essi non sono in grado di capire e a cui devono obbedire senza discutere. Significa, invece, far capire, fin dalla più tenera età, l'immenso valore insito nella vita di ogni persona, la bellezza del rispettare quel valore in sé e negli altri, la grandezza della libertà di cui ogni uomo è portatore (e su cui si innestano i vari diritti fondamentali della persona), l'esigenza di contemperare la propria libertà con la libertà degli altri, il significato profondamente umano della solidarietà, dello spirito di servizio, della nonviolenza, della gratuità, ecc.

E tutto ciò in chiave laica[18], senza necessariamente far riferimento ad una visione della vita basata sulla fede in Dio. È ben vero

---

[18] In chiave laica ne parla, ad esempio, L. VIOLANTE, *La sfida dei valori*, in AA.VV., *Dalla parte di "Libera"*, Edizioni Gruppo Abele, Torino, 1995, pagg.61 e segg.; ID., *Fra convenienze e valori*, in AA.VV., *Non di sola coca ecc.*, cit., pagg.97 e segg. E a "valori" in chiave laica si riferisce Umberto Eco quando parla di "etica naturale" (U. ECO, *Cinque scritti morali*, citati nella nota 1 del Cap.I, pag.86). Si vedano inoltre: J. STOETZEL, *I valori del tempo presente. Un'inchiesta europea*, SEI, Torino, 1984; E. CIMINO, *Lo scrigno dei valori. Ricerca sulla genesi e lo sviluppo dei valori sociali*, Centro scientifico torinese, Torino, 1987; S. ABBRUZZESE, R. GUBERT, G. POLLINI, *Italiani atto secondo. Valori, appartenenze, strategie per la seconda Repubblica*, Guaraldi-Fo, Rimini, 1995; E. CAMANNI e M. DA PRA POCCHIESA, *L'ultimo messaggio* ecc. (citato nella nota 11 del Cap.II), pagg.9 e 85. La sociologia sottolinea, in particolare, l'importanza di "un universo simbolico-valoriale condiviso", ritenendolo socialmente indispensabile sia per l'integrazione tra i vari ambiti istituzionali e la quotidianità, sia per dare senso all'esistenza e dare

che il credente trova nell'esperienza di fede (e specialmente della fede cristiana) un ulteriore avallo alla validità ed incisività dei valori etici e da quell'esperienza trae indicazioni per cogliere, di quei valori, la radice più profonda e il significato più autentico (basterebbe citare l'esperienza di Francesco d'Assisi o quella di madre Teresa di Calcutta); ma ciò nulla toglie alla possibilità di individuare, col solo aiuto della ragione umana, alcuni valori etici sulla cui esistenza e sulla cui importanza abbia a realizzarsi un'ampia convergenza di opinioni. Luciano Tavazza ha parlato recentemente di «religione civile basata, nonostante tutto, sull'utopia del servizio all'uomo»[19]. E, in effetti, in questi ultimi secoli il pensiero etico si è sviluppato in gran parte al di fuori dell'area del sacro, cercando i propri fondamenti nell'area della ragione: esempio tipico l'etica kantiana, che viene generalmente considerata come il più alto e rigoroso sforzo di fondare laicamente l'etica, ravvisando nella legge morale un imperativo categorico che promana dalla natura stessa razionale dell'uomo e che fa dell'istanza etica la più significativa manifestazione della vita dell'essere umano[20].

---

razionalità all'azione (G. LAZZARINI, *Razionalità, senso e solidarietà sociale*, in AA.VV., *Solidarietà e Welfare State*, Città di Torino, Osservatorio socio-economico, Torino, 1995, pagg.15 e segg.); e sottolinea altresì l'intreccio tra altruismo e "solidarietà di valore" che caratterizza taluni aspetti positivi della società attuale e che porta ad una rinnovata visione della cittadinanza (M. G. MORCHIO, *La cittadinanza urbana tra senso del reale e senso del possibile*, in AA.VV., *op. cit.*, pagg.82 e segg.). Il riferimento ai "valori" e ai "valori morali" emerge anche nella pubblicistica laica più recente: si vedano, a titolo di esempio, gli articoli di Barbara Spinelli su La Stampa (da ultimo: B. SPINELLI, *Opportunità politiche e valori morali*, in *"La Stampa"*, Torino, 3 agosto 1997, pag.1), l'Intervista a Massimo Cacciari di G. A. STELLA, in *"Corriere della Sera"*, 25 agosto 1997, pag.2, e l'Intervista a Giuliano Amato di A. SATTA, in *"Il Mondo"*, 6 settembre 1997, pagg.42- 45. Sull'importanza della gerarchia dei valori e sulla necessità della regola è ritornato recentemente L. VIOLANTE, *La politica e il labirinto*, Bompiani, Milano, 1997, pagg. 14 e 49.

[19] L. TAVAZZA, *Un "credente" nel mondo dei ragazzi*, in *"Rivista del Volontariato"*, Roma, 25 luglio 1997, pag.56. Qui la parola "utopia" va intesa non nel senso di "progetto irrealizzabile", bensì nel senso etimologico di "luogo che oggi non c'è, ma che può essere costruito con l'impegno concorde di uomini che credono nei valori della giustizia, dell'eguaglianza, della solidarietà, del servizio all'uomo" (cfr. più avanti il par.60).

[20] Questo rispetto del pluralismo e questo sforzo di individuare, sul piano etico, un "denominatore comune" con gli uomini di ogni fede e di ogni opinione, nulla toglie,

50. Valori e regole: alle sorgenti di una educazione alla legalità

La prima agenzia educativa a cui è affidata la trasmissione dei valori è la famiglia. In essa il bambino trova il suo primo avviamento alla vita e la chiave per costruire la propria identità in un fitto interscambio di amore con i genitori e con gli altri membri della comunità familiare (fratelli, sorelle, nonni, zii): un interscambio che si sviluppa gradualmente (su tutti i piani: fisico, intellettuale, psicologico-affettivo, sessuale, sociale), secondo il crescere delle capacità di comprensione del bambino e in modo proporzionato a tale crescita. Là il bambino impara le prime regole del convivere; e quell'apprendimento è fecondato dal fatto che i genitori sono i primi ad osservare le regole che gli trasmettono, avallando con la loro condotta di vita il significato e l'autorevolezza di esse.

Ho detto "regole", e lo ribadisco: apprendere in famiglia l'esistenza di regole e imparare a rispettare quelle regole è, per il bambino, un'esperienza fondamentale che costituisce la sorgente prima dell'educazione alla legalità. Beninteso, deve trattarsi di regole di convivenza ragionevoli e comprensibili, poche ed essenziali, di cui i genitori devono farsi carico di spiegare il senso. Ma sul rispetto di quelle regole occorre essere decisi, coerenti, inflessibili: il bambino ha bisogno di "sponde" sicure, altrimenti precipita nel disorientamento. Ha bisogno che il "no" sia un "no", e non diventi un "sì" dopo un capriccio o un pianto o una deliberata violazione della regola; ed ha bisogno di trovare negli educatori un fronte unico e coerente, non una pluralità di centri che si contraddicono (un "no" detto dal papà che diventa un "sì" detto dalla mamma o viceversa; o un "no" detto da un genitore, che poco dopo diventa un "sì" da parte dei nonni). Contraddizioni e smagliature nell'azione degli educatori minano la credibilità degli educatori stessi e l'autorevolezza delle regole da essi enunciate: con la

---

ovviamente, all'impegno del cristiano di annunciare, con la parola ma soprattutto col comportamento, la "buona notizia" consistente nel fatto che Dio ha assunto, in Cristo, la nostra umanità, e che Cristo ha rivelato l'amore di Dio per ciascuno di noi e, attraverso la sua resurrezione, ha vinto la morte e ci ha aperto orizzonti di vita che vanno al di là delle frontiere della morte stessa. Un messaggio che dà una esauriente risposta alle imperiose e ineliminabili domande esistenziali che l'uomo si pone da sempre.

conseguenza di fare del bambino un tiranno onnipotente, potenziale spregiatore di ogni regola e potenziale operatore di illegalità.

In tal senso la famiglia stessa, nella sua strutturale unità e collaboratività, assurge a "valore" essenziale. Nell'ambito di essa l'infanzia si traduce in un fecondissimo "apprendistato" alla vita, un apprendistato in cui il bambino trova il suo spazio adeguato e compie un cammino graduale, via via proporzionato alle sue crescenti capacità di comprensione e mirato al suo diventare persona matura, positivamente inserita nella società degli uomini (cfr. *retro* paragrafo 2).

Tra le prime parole che un bambino impara a dire c'è la frase "È mio". Con tale frase egli tende ad affermare la propria signoria non solo sulle cose sue ma anche sulle cose appartenenti ad altri bambini. La maturazione sociale lo aprirà al rispetto delle cose altrui, ma anche alla condivisione delle cose proprie con altri bimbi. Tale condivisione è il germe dell'idea di "funzione sociale della proprietà".

Ecco allora invertita la rotta di una cultura che ha tolto all'infanzia un suo spazio specifico, che l'ha privata di "sponde" e che l'ha subissata di immagini, di stimoli, di modelli che ne distruggono la specificità e la fisionomia. Già qualche anno fa Neil Postman ha potuto parlare di "scomparsa dell'infanzia"[21], nel senso che la cultura dominante ha omologato il mondo dell'infanzia al mondo degli adulti ed ha soppresso ogni attenzione e ogni riguardo per le esigenze di gradualità del mondo dei bambini, nel quale vengono artificialmente diffusi i modelli e le mode imperanti fra gli adulti e sul quale vengono rovesciate indifferentemente (attraverso la televisione, la pubblicità stradale, i testi delle canzoni ecc.) le brutture, le violenze, le frustrazioni, le perversioni di cui è inondato il mondo degli adulti. L'aureo principio enunciato dalla sapienza antica *Maxima debetur puero reverentia* («Al fanciullo è dovuto il massimo rispetto») è oggi lettera morta: le leggi del mercato hanno ucciso anche il rispetto per l'infanzia e per le sue esigenze di gradualità, di regole elementari, di educazione ad alcuni valori fondamentali; e l'hanno - come usa dire oggi - "adultizzata", nel senso deteriore del termine.

---

[21] N. POSTMAN, *La scomparsa dell'infanzia. Ecologia delle età della vita*, Armando Editore, Roma, 1982.

51. Televisione, cattiva maestra?

A tal proposito non si può evitare di spendere una parola specifica sulla televisione. È noto come negli USA le ricerche sull'uso della televisione da parte dei minori abbiano accertato che il bambino americano passa, in media, dalle quattro alle cinque ore al giorno davanti allo schermo televisivo, con più alte impennate nei giorni di fine settimana: ciò significa che nei cinque anni delle scuole elementari il bambino viene esposto alla TV per circa 1.500 ore. Ebbene, da stime attendibili risulta che in quei cinque anni il bambino ha assistito a circa 100.000 scene di violenza e a circa 8.000 omicidi.

Ciò ha suscitato molta preoccupazione ed ha provocato studi approfonditi: tra essi, il *Rapporto Los Angeles*, studio sulla violenza in TV elaborato dall'Università della California, nel 1995, sulla base di un attento monitoraggio dei programmi televisivi mandati in onda dalle principali reti statunitensi nelle fasce orarie di maggior ascolto. Tale studio è stato recentemente tradotto in italiano[22], e i suoi risultati sono molto significativi in ordine al processo di associazione tra la violenza dei programmi televisivi e il livello di aggressività manifestato dal comportamento dei minori.

Anche in Italia il problema del rapporto tra televisione ed età evolutiva è stato oggetto di ricerche. In un recentissimo studio di Maria Teresa Siniscalco si elencano dieci ragioni dell'interesse per quel problema e si riportano dati statistici e bibliografici aggiornatissimi[23]. Ne risulta che anche da noi i minori dedicano alla TV una cospicua parte della giornata, quantificabile, secondo una elaborazione RAI, in circa tre ore al giorno. D'altronde è stato ricordato poco tempo fa - e da voce non certo sospettabile di moralismo e di conservatorismo - che un ragazzo di quattordici anni si trova ad aver assistito mediamente a 13.000 delitti trasmessi dalla televisione[24].

Anche soltanto a lume di buon senso è logico ritenere che una simile "cura" di violenza abbia delle conseguenze sulla strutturazione

---

[22] A. SALERNO (a cura di), *Violenza in Tv. Il rapporto di Los Angeles*, Reset, Milano, 1997.
[23] M. T. SINISCALCO, *Il telegiornale a scuola*, Paravia, Torino, 1999.
[24] M. CAPANNA, *Il fiume della prepotenza. Critica della ragione moderna*, Rizzoli, Milano, 1996, pag.156; il quale aggiunge: "Ci si continua ad illudere che tutto ciò non produca conseguenze".

della personalità infantile (nella quale l'emotività ha un ruolo preminente) e contribuisca a formare delle personalità violente. Naturalmente l'industria televisiva, sorretta da un corteggio di psicologi e sociologi, nega ciò, basandosi sulla considerazione che altro è la *fiction* e altro è la realtà, e che la *fiction* è, in fondo, lo specchio di una realtà con cui l'utente televisivo viene a contatto ogni giorno. Ma, a parte il fatto che il bambino non è in grado di distinguere con chiarezza tra *fiction* e realtà, appare innegabile che un bambino, pur essendo a contatto quotidiano con una realtà sociale spesso negativa, non ha occasione di sperimentare direttamente, nella realtà, le innumerevoli situazioni eticamente e socialmente patologiche che gli arrivano attraverso gli spettacoli televisivi: spettacoli che - non dimentichiamolo - anche sull'adulto hanno un forte impatto emotivo. Invero la rappresentazione violenta innesca dinamismi psicologici che coinvolgono anche l'adulto e che, anzi, non tutti gli adulti hanno la maturità di dominare e di contrastare; tanto più ciò avviene in materia di violenza sessuale, dove i dinamismi psico-fisici sono particolarmente forti e dove, solitamente, la rappresentazione cinematografica o televisiva non è certo impostata in senso dissuasivo.

Si tenga presente, poi, che il bambino di oggi sente la morte come un evento rimosso, lontano, ignoto (v. *retro* paragrafo 41): gli anziani, frequentemente, non vivono più in famiglia e la loro morte spesso avviene in ospedale o in casa di riposo: quindi al di fuori della diretta esperienza del bambino. Per di più - come ho già detto - la cultura dominante cerca di ignorare la morte, proprio nella sua dimensione di ovvia e naturale conclusione della vita. Pertanto il bambino fa esperienza della morte attraverso la televisione e i *videogames*: ma è una morte innaturale, finta, irreale, che ha carattere di spettacolo oppure carattere di gioco, ed è quindi lontanissima dalla realtà[25]. Ne consegue una visione distorta della morte, una sua banalizzazione, che può incidere negativamente sull'immaginario del minore e provocare una svalutazione del fatto "morte" ed una leggerezza nel provocarlo.

Autorevoli voci si sono levate in questi ultimi anni a difendere i minori dall'invasività della televisione. Sono le voci di due filosofi: Karl

---

[25] E. CAMANNI e M. DA PRA POCCHIESA, *L'ultimo messaggio* ecc., cit., pagg.28-29.

Popper e Giuliano Pontara. Il primo ha scritto un saggio, divenuto subito famoso, in cui ha attribuito alla televisione l'appellativo di "cattiva maestra"[26]; il secondo ha messo in evidenza, sulla base delle ricerche americane a cui ho accennato, nonché di ricerche condotte in Inghilterra e in Svezia, la massiccia offerta di violenza fatta dalla TV ai minori, l'importanza di una ferma lotta da parte della famiglia e della scuola a tale violenza e l'esigenza di valorizzare le possibilità positive della TV sul piano informativo ed educativo[27].

Alberto Pellai, medico e ricercatore in materia di prevenzione nell'età infantile, ha individuato quattro meccanismi attraverso i quali la TV può influenzare i telespettatori in direzione aggressiva. I meccanismi sono:
a) far nascere il desiderio di imitare ciò che si vede nello spettacolo televisivo;
b) ridurre i freni inibitori appresi nei confronti della estrinsecazione dei comportamenti aggressivi e violenti;
c) desensibilizzare lo spettatore nei confronti della violenza, attraverso la ripetizione continua della rappresentazione di essa;
d) incrementare il livello di eccitazione da cui deriva una riduzione dei freni inibitori[28].

Ho fatto riferimento alla violenza perché si tratta del fenomeno più clamoroso e più studiato. Ma ci sono aspetti meno evidenti su cui meriterebbe soffermarsi. Penso all'azione corrosiva che la televisione svolge in ordine a certi valori etici e giuridici: per esempio, la fedeltà coniugale. Nei numerosi spettacoli televisivi di varietà o di giochi o di *talk-show* (quei tipi di spettacolo vuoto, idiota o strappalacrime su cui si esercita volentieri la pungente ironia di Alessandro Baricco[29]) quasi tutti i conduttori si sentono in dovere di ironizzare sulla fedeltà coniugale tutte le volte che il discorso ne offre loro l'occasione: talora si tratta di accenni espliciti, talaltra di ammiccamenti, sottintesi, sorrisini di compatimento. Come se fosse pacifico che la fedeltà coniugale è un

---

[26] K. POPPER e J. CONDRY, *Cattiva maestra televisione*, Reset, Milano, 1994.
[27] G. PONTARA, *La personalità nonviolenta,* cit., pag.76-80.
[28] M. LODI, A. PELLAI, V. SLEPOJ, *Cara TV, con te non ci sto più,* Franco Angeli, Milano, 1997, pag.10.
[29] A. BARICCO, *Barnum. Cronache dal Grande Show*, Feltrinelli, Milano, 1996.

tabù superato e che è normale, ovvio, scontato che ogni marito e ogni moglie tradisca il proprio coniuge. Un atteggiamento di tal genere contribuisce a diffondere una mentalità deteriore: la quale non soltanto offende e mortifica un valore etico che, per buona fortuna, è molto vivo e radicato in innumerevoli famiglie, ma offende e mortifica altresì una norma giuridica (l'art.143 del Codice civile italiano), secondo cui «dal matrimonio deriva l'obbligo reciproco alla fedeltà, all'assistenza morale e materiale, alla collaborazione nell'interesse della famiglia e alla coabitazione».

Il lettore avrà capito perfettamente che queste mie considerazioni non sono frutto di velleità censorie; sono frutto, invece, di una riflessione destinata a sottolineare l'importanza di rilanciare valori essenziali che in molte famiglie sono tuttora vivi e vitali ma che a livello di massa appaiono desueti sull'onda di una cultura nichilista che ha trovato nei mass media degli alleati di devastante efficacia[30].

Il rilancio di quei valori è possibile, nonostante tutto; e in nome del principio, ricordato da Postman, secondo cui "i bambini hanno bisogno dell'infanzia". So di famiglie che hanno ridotto al minimo il consumo di televisione: sono famiglie in cui si dà ampio spazio allo stare insieme tra genitori e figli; in cui si pratica sport e vita all'aria aperta; in cui i figli vengono, fin da piccoli, inseriti in associazioni giovanili che danno loro il gusto della compagnia, dei giochi attivi, del movimento, del contatto con la natura... La televisione viene, in tal modo, sconfitta. Si dimostra che essa non è una necessità assoluta né una inevitabile tirannia; la si utilizza soltanto quando presenta programmi che meritano davvero e aiutano a crescere; se ne disciplina con attenzione l'uso da parte dei bambini e dei ragazzi, spesso affiancandosi, in quell'uso, i genitori per chiarire, rettificare, spiegare, e per attenuare l'impatto emotivo.

---

[30] Si pensi che in parecchie case italiane il televisore è perennemente acceso; che parecchi genitori usano la TV come *baby-sitter* per tenere tranquilli i bambini e farsi i fatti propri; che molte famiglie, talora col pretesto di seguire il telegiornale, tengono il televisore acceso anche durante il pasto, vanificando così una delle funzioni essenziali di quel momento comunitario, che consiste nel mettere in comune le proprie esperienze della giornata. La famiglia si riduce, in tal modo, ad un insieme di monadi isolate, prive di qualsiasi comunicazione orizzontale e dipendenti verticalmente dall'unico comunicatore: il televisore.

Televisione, cattiva maestra? Sì e no. Sì, se si guarda alla realtà attuale dei programmi e al tipo di approccio della maggioranza attuale degli utenti. No, se si considerano le potenzialità positive della TV e lo sviluppo di una educazione all'uso di essa. Le esperienze educative che affiorano dalle ricerche più recenti[31], sia in riferimento alle famiglie, sia in riferimento alla scuola, consentono di nutrire speranza.

Infatti, quando famiglie di quel tipo fanno sentire la loro voce alle centrali televisive pubbliche o private, protestando per il basso livello dei programmi, e quando quelle voci si fanno numerose e provengono da luoghi diversi ed esprimono grande decisione nel boicottaggio dei programmi stessi, la loro pressione diventa preoccupante per le centrali televisive e le costringerà a tener conto della protesta e a rivedere i propri palinsesti[32].

52. Educazione alla legalità ed educazione all'obiezione di coscienza: un paradosso soltanto apparente

Nel contesto fin qui descritto, in cui - come abbiamo visto - la nonviolenza ha un posto di rilievo nel quadro di una cultura della legalità, anche una educazione all'obiezione di coscienza (cioè ad un

---

[31] Oltre alla bibliografia già citata, ricordo A. PELLAI, *Il bambino che addomesticò il televisore*, Franco Angeli, Milano, 1996; OLIVERIO FERRARIS, *TV per un figlio*, Laterza, Roma-Bari, 1995. Da ultimo: E. MENDUNI, *La televisione*, Il Mulino, Bologna,1998, pagg.68-71. In tema di "addomesticamento del televisore" è molto importante, ai fini di smitizzare la televisione e di sviluppare lo spirito critico, l'educazione alla lettura dell'immagine. In proposito sono molte le iniziative che mirano a raggiungere gli utenti minorenni, soprattutto attraverso appositi corsi nelle scuole che ne facciano richiesta.
E poiché ho dato a questo mio scritto un taglio esperienziale, potrei ricordare - per quel che concerne la mia personale esperienza - l'attività del centro torinese "Tele-EMA Productions" (corso Lecce 24, Torino) che mette a disposizione delle scuole la propria passione educativa e la propria strumentazione tecnica per svolgere corsi di apprendimento delle tecniche televisive e di educazione alla lettura dell'immagine.
[32] Un sintomo significativo della "scomparsa dell'infanzia" è stata, in Italia, la scomparsa della TV dei ragazzi, trasmissione che la RAI mandava in onda, negli anni Sessanta e nella prima metà degli anni Settanta, nel corso del pomeriggio e che fu uno strumento di conoscenza, di educazione e di svago per più d'una generazione di ragazzi. L'abolizione di quel programma fu, certo, frutto di fattori molteplici (tra cui quelli politici ed ideologici): ma si rivelò espressione di una totale mancanza di attenzione alle specificità del mondo dei bambini e dei ragazzi.

atteggiamento che ho ampiamente descritto nel Capitolo III) acquista un suo profondo significato come aspetto di una educazione alla legalità. Può sembrare un paradosso; ma paradosso non è, o lo è solo in apparenza.

L'obiezione di coscienza è il rifiuto di una obbedienza incondizionata; è il rifiuto di accettare la legge come un assoluto, da obbedirsi anche in contrasto con i convincimenti più profondi della propria coscienza. L'obiezione di coscienza rientra quindi, come ho già detto[33], nel discorso relativo alla legalità e non contraddice affatto tale discorso.

Quando poi l'obiezione di coscienza consiste in una obiezione al servizio militare, essa non soltanto esprime la volontà di non inserirsi in una struttura come quella militare, in cui "il dovere dell'obbedienza è assoluto, salvo i limiti posti dalla legge e dal successivo art.25" (art.5 del D.P.R. 18 luglio 1986 n.545, contenente il *Regolamento di disciplina militare*), ma presenta anche una spiccata connotazione di nonviolenza, poiché si concreta in un rifiuto dell'apparato bellico militare, il quale addestra alla guerra ed è pertanto portatore di quel tipo di cultura che obiettivamente - e senza voler recare alcuna offesa a chi fa il servizio militare - è definibile come "cultura di guerra".

L'obiezione di coscienza al servizio militare diventa allora il segno del maturare di una "cultura di pace", cioè di un modo nuovo di impostare i rapporti tra le persone e tra i popoli. Viviamo in una società che per secoli ha creduto nella verità del principio *Si vis pacem, para bellum* («Se vuoi la pace, prepara la guerra»), cioè si è nutrita di una cultura di guerra che ha trovato la sua più folle espressione in una illimitata corsa agli armamenti. Obiettare al servizio militare ha significato e significa, per molti giovani, esprimere il segno di una cultura diversa, ispirata al principio «Se vuoi la pace, prepara la pace».

Proprio recentemente Don Luigi Ciotti sottolineava ciò, facendo riferimento ad un piccolo esempio tratto dall'esperienza di Napoli, città che, con i suoi dintorni, è dilaniata dalla criminalità organizzata e in cui il governo ha deciso - nel corso del 1997 - di mandare un contingente di militari per tutelare l'ordine pubblico e per consentire alle forze di polizia di dedicarsi più ampiamente ai loro compiti di indagine.

---

[33] Cfr. retro, paragrafo 32.

Il piccolo esempio è questo: numerosi obiettori in servizio civile, di varia provenienza, hanno deciso di recarsi a Napoli per alcuni giorni, a proprie spese e utilizzando le proprie licenze, per mettersi a disposizione di associazioni e realtà locali operanti nel campo dell'assistenza e della prevenzione: ciò per richiamare l'attenzione sul fatto che in zone socialmente disagiate, afflitte da mancanza di lavoro e da gravi difficoltà economiche, le mafie vanno combattute sul terreno della prevenzione e della costruzione di una cultura della legalità, della nonviolenza e della solidarietà, più che sul terreno della militarizzazione del territorio[34].

Gandhi disse una cosa semplicissima ma fondamentale: "I mezzi possono essere paragonati al seme, e il fine all'albero; tra i mezzi e il fine vi è lo stesso inviolabile rapporto che esiste tra il seme e l'albero"[35]. In altre parole: se voglio avere un albero di pesco devo piantare un seme di pesco; se pianto un seme di melo avrò un melo, non un pesco (Gandhi stesso, con una immagine più carica di significati simbolici, precisò che non si può ottenere una rosa piantando della gramigna). Allo stesso modo, non posso ottenere la pace preparando la guerra, cioè piantando semi di violenza. Per ottenere la pace bisogna porre azioni, gesti, parole di pace; occorre praticare la nonviolenza e abbattere la "ideologia del nemico", che è una concezione dell'"altro" in chiave di de-umanizzazione; occorre rifiutare l'uso delle armi e l'addestramento a tale uso.

Ciò non significa sottovalutare o disprezzare chi fa o chi ha fatto il servizio militare. L'obiettore, che rivendica il rispetto della propria coscienza, deve essere il primo a rispettare le scelte di coscienza altrui. Ma tale rispetto non può far dimenticare che gli eserciti sono strutture di preparazione e addestramento alla violenza e che sono essi stessi portatori di violenza al loro interno.

Mi occupo da anni, a livello di studi giuridici, del diritto penale militare e mi sono convinto che esso ha per molto tempo legittimato una violenza strutturale. Basti pensare che fino a poco tempo fa il Codice penale militare di pace puniva gravemente la violenza e l'ingiuria dell'inferiore contro il superiore (la cosiddetta insubordinazione) e

---

[34] L. CIOTTI, *Le sentinelle degli obiettori*, in *La Stampa*, 20 luglio 1997, pag.2.
[35] M. K. GANDHI, *Teoria e pratica della nonviolenza*, a cura di G. Pontara, Einaudi, Torino, 1973, pag.44.

puniva, invece, assai meno gravemente la violenza e l'ingiuria del superiore contro l'inferiore (il cosiddetto abuso di autorità): una macroscopica disparità di trattamento che si concretava in una violenza in danno dell'inferiore. Basti pensare, inoltre, alle gravissime violenze che vennero commesse contro militari italiani dai loro superiori nella Prima guerra mondiale con la pratica della "decimazione" e nella Seconda guerra mondiale con la pratica della "coercizione diretta"...

Ma anche a livello di prassi quotidiana la violenza affiora negli eserciti in forme svariate. Il pensiero corre spontaneo ai frequenti fatti di "nonnismo", che si concretano solitamente in violenze a danno delle reclute: si tratta di abusi gravissimi, che violano la dignità della persona del militare e che vedono spesso partecipi taluni superiori della vittima[36] . Il fatto che simili abusi non vengano impediti all'origine con un deciso esercizio dell'autorità e della vigilanza (autorità e vigilanza facilmente praticabili in una organizzazione rigidamente verticistica quale quella militare) è uno scandalo che, a prima vista, può far pensare ad inammissibili tolleranze, generate da una mentalità anacronistica, in netto contrasto con l'art.52 ultimo comma della Costituzione[37].

E taccio sugli scandali suscitati da asserite violenze contro civili somali che sarebbero state commesse da taluni soldati dei contingenti militari di varia nazionalità (tra cui l'italiana) operanti nell'ambito della missione umanitaria ONU in Somalia: taccio perché in Italia si tratta di inchieste ancora in corso nel momento in cui questo libro è in bozze e sarebbe cosa arbitraria e scorretta formulare giudizi prima della conclusione di tali inchieste.

53. «Meno leggi e più legge»

Per un recupero della legalità è anche necessario che il legislatore "si smotorizzi", cioè ridimensioni e riorganizzi la produzione

---

[36] Mi riferisco non a notizie giornalistiche, bensì a processi e sentenze di Tribunali militari che hanno accertato la sussistenza dei reati ed hanno condannato i responsabili. Per ragguagli giuridici più precisi e dettagliati potrà vedersi: R. VENDITTI, *I reati contro il servizio militare e contro la disciplina militare*, 4° ed., Giuffrè, Milano, 1995, pagg.276 e segg.

[37] L'art.52, ultimo comma della Costituzione stabilisce: "L'ordinamento delle Forze armate si informa allo spirito democratico della Repubblica". E lo "spirito democratico" ha come nucleo essenziale il rispetto della persona umana e dei suoi diritti fondamentali.

delle leggi. Come dissi nel paragrafo 39, il nostro ordinamento giuridico è caratterizzato da una enorme, farraginosa e disorganica pletora di leggi e leggine, il cui numero supera le 150.000. Ciò crea confusione, contraddizioni, difficoltà di conoscenza e di interpretazione.

Inoltre la massa enorme di leggi rende problematica la loro applicazione. Il cittadino resta disorientato e spesso non riesce a sapere con chiarezza quale sia la reale volontà della legge, deve rivolgersi ad esperti per capirne qualcosa. Ciò è particolarmente evidente in materia tributaria, dove il cittadino - di fronte al continuo mutare delle disposizioni, alla loro contraddittorietà, alla infernale complessità di certi calcoli - è costretto sistematicamente a ricorrere ad un commercialista: col risultato paradossale di dover pagare un professionista per poter pagare le imposte.

Un primo sforzo di semplificazione e di sburocratizzazione è stato fatto con la cosiddetta legge Bassanini (legge 15 maggio 1997 n.127). Ma resta da fare un immenso cammino di razionalizzazione della produzione legislativa.

Mi sembra che uno slogan significativo sia quello, coniato qualche anno fa, che dice: «Meno leggi e più legge»[38]. Esso esprime con felicissima incisività l'esigenza di ridurre il numero *delle leggi* per accrescere l'autorità *della legge*. Infatti l'inflazione di leggi produce una svalutazione dell'autorità della legge: anche perché un eccessivo numero di leggi polverizza la illegalità in tante piccole infrazioni che si affiancano alle infrazioni più gravi e il cui numero rende difficile la vigilanza da parte delle autorità competenti e il perseguimento delle infrazioni stesse; il mancato perseguimento e la mancata punizione delle infrazioni incrementano la convinzione che il "farla franca" sia cosa normale, sia una elementare furbizia; conseguentemente ne esce svalutata la legge e ne esce incoraggiata la sua violazione.

Occorre, dunque, invertire la tendenza e rivalutare la legge: anzitutto riorganizzando e snellendo il *corpus* delle leggi, attraverso la diminuzione del numero delle leggi stesse. Tale snellimento dovrà interessare anche il diritto penale, il quale è ingolfato dalla presenza di molte figure di reato la cui utilità è discutibilissima e il cui primo effetto è quello di rendere ipertrofico il sistema penale (si pensi agli innumerevoli reati previsti in materia tributaria e in materia urbanistica,

---

[38] Cfr. il documento *Educare alla legalità* citato nella nota 14 del Cap.III.

che potrebbero essere ben più efficacemente perseguiti come illeciti amministrativi attraverso severe e inderogabili sanzioni pecuniarie e attraverso inesorabili abbattimenti di tutto quanto costruito abusivamente)[39].

Si parla anche di stabilire, in sede costituzionale, una "riserva di codice" per le leggi penali, cioè di stabilire che una legge penale possa essere emanata solo se essa si inserisca nel Codice penale o, tutt'al più, in una legge organica: verrebbe data, in tal modo, una sterzata verso la ri-codificazione, impedendo al legislatore ordinario di disseminare norme penali in tantissime leggi e leggine di ogni tipo[40].

Ma c'è un secondo elemento che svaluta le leggi. Sta nel fatto che assai spesso le leggi - come ho già ricordato - sono state emanate non per risolvere dei problemi e per rispondere ad esigenze di interesse pubblico, bensì per acquisire consenso sociale: cioè per motivi di tattica politica, di clientelismo, di risposta emotiva a richieste emotive dell'opinione pubblica (penso alla legislazione *chewing-gum* sulla custodia cautelare, alle oscillazioni della legislazione in materia di stupefacenti ecc.).

Qui c'è da correggere e modificare una mentalità assai diffusa nel mondo politico. Ed è augurabile che il rinnovamento della classe politica, prodotto gradualmente dal ricambio generazionale nonché dalla maturazione del corpo elettorale determinata dal susseguirsi delle legislature, possa dare risultati positivi, sia pure a lunga scadenza. Ma - torno a ricordarlo - quei risultati positivi potranno esserci solo se si riscoprirà la "tavola di valori" che sottende una autentica convivenza civile e una autentica cittadinanza. Nulla di nuovo accadrà se il ricambio generazionale non sarà ravvivato da robusti "anticorpi" operanti nelle nuove generazioni.

---

[39] In tal senso, ottimamente, S. MOCCIA, *Il ritorno alla legalità come condizione per uscire a testa alta da Tangentopoli*, in *"Rivista italiana di diritto e procedura penale"*, Milano, 1996, pagg.463 e segg., e particolarmente pag.469.

[40] Per accenni a tale proposta vedansi, nei Tre interventi per l'indipendenza e l'autonomia della magistratura, in *"Foro Italiano"*, Roma, 1997, parte V, colonne 139 e segg., l'intervento di F. ZUCCONI GALLI FONSECA (col.136) e quello di E. PACIOTTI (col.142).

54. Quando legge e giustizia mancano di parola

C'è, infine, un terzo elemento che svaluta l'autorità della legge: è il "mancar di parola". La legge manca di parola quando viene neutralizzata da un'altra legge di segno contrario, oppure quando una sentenza che ha inflitto una pena in attuazione di una legge viene ad essere eseguita con modalità profondamente diverse da quelle stabilite nella sentenza.

Il primo caso si verifica quando - come è accaduto solitamente in passato - si susseguono, a scadenze pressoché periodiche, amnistie che letteralmente cancellano condanne penali o improvvisamente chiudono con un nulla di fatto innumerevoli processi in corso; oppure quando un indulto riduce sensibilmente o addirittura azzera la pena inflitta da un giudice a norma di legge; oppure quando viene emanato un condono tributario o un condono edilizio, che in sostanza viene a premiare gli evasori fiscali o i costruttori abusivi... Tutti questi sono provvedimenti scandalosi che suscitano nella collettività un enorme disagio e che avallano la illegalità, poiché intaccano la fiducia nella legge e inducono a pensare che la legge sia fatta più per premiare i disonesti che per tutelare gli onesti[41]. È chiaro che una mentalità di tal genere impedisce che si costruisca una cultura della legalità e distrugge, anzi, quel poco di senso della legalità che è andato maturando nella collettività.

Un passo avanti è stato fatto quando, nel 1992, è stato stabilito che per concedere l'amnistia e l'indulto occorre la maggioranza dei due terzi dei componenti di ciascuna Camera, sia nella approvazione di ogni articolo della legge relativa, sia nella votazione finale della legge stessa (art.79 Costituzione, nell'attuale formulazione). Ma si tratta di un passo ancora piccolo e timido, che frena - attraverso il filtro di una maggioranza qualificata - la facile propensione ai provvedimenti cosiddetti di clemenza, ma che non è certo sufficiente ad invertire l'orientamento finora dominante.

---

[41] Per quanto riguarda i condoni, specialmente edilizi, è stato detto molto efficacemente che lo Stato, arrendendosi alla illegalità diffusa, "usa l'ammasso delle trasgressioni come bacino monetario a cui attingere risorse finanziarie, in nome dell'insuperabile inefficienza dei controlli amministrativi e dell'irresistibile ascesa del deficit pubblico" (in *"Critica del diritto"*, Ancona, gennaio 1997, pag.9, editoriale non firmato).

Il secondo caso si verifica in relazione ai molteplici congegni processuali attraverso cui una legge può venir snaturata e una condanna alla reclusione può venire sostanzialmente svuotata di contenuto. Mi riferisco anzitutto ai patteggiamenti, coi quali reati gravi vedono precipitare a livelli minimi, fortemente vantaggiosi per il condannato, pene che la legge prevede a livelli piuttosto sostenuti[42]. Ma ci si può riferire anche agli innumerevoli benefici che oggi la legge prevede, in sede esecutiva, per mitigare le pene detentive, per accorciare la durata di esse, per prospettare modalità di espiazione della pena che siano alternative alla detenzione in carcere.

Non intendo criticare le provvide leggi che hanno cercato di umanizzare l'espiazione della pena e di offrire al condannato - che sia risultato meritevole per la sua condotta carceraria - agevolazioni destinate a concedere permessi, a ridurre la durata della pena (mediante la liberazione condizionale o mediante la cosiddetta liberazione anticipata), a *decarcerare* la pena detentiva (attraverso la detenzione domiciliare, il regime di semilibertà, l'affidamento in prova ai servizi sociali ecc.)[43]. E nessuno più dei volontari che operano nel settore carcerario è in grado di apprezzare la positività delle leggi che hanno introdotto quei benefici: né si deve dimenticare che oggi la situazione delle carceri italiane è, nella massima parte dei casi, tale da non adempiere alla funzione rieducativa e da svolgere, anzi, una funzione distruttiva e criminogena a causa del sovraffollamento, della promiscuità, della insufficienza di attrezzature (specialmente di quelle riguardanti il lavoro dei detenuti e la tutela della salute).

Intendo soltanto mettere in evidenza che un uso troppo facile e generalizzato di quelle agevolazioni (l'esistenza dei cui presupposti concreti è risultata talvolta smentita dal fatto che il detenuto ammesso al beneficio si è dato alla latitanza) e il vedere pericolosi condannati

---

[42] Sui riti alternativi, e sul progetto di una loro estensione, può vedersi la acuta e forte critica di P. FERRUA, *La giustizia negoziata nel "pacchetto Flick"*, in *"Critica del diritto"*, Ancona, gennaio 1997, pagg.11 e segg.

[43] Per meglio capire il significato di quella legislazione è utile la lettura di un recente libro di Mario Gozzini, ex senatore che fu il principale proponente della legge 10 ottobre 1986 n.663 (detta, appunto, "legge Gozzini") di riforma dell'ordinamento penitenziario (M. GOZZINI, *La giustizia in galera? Una storia italiana*, Editori Riuniti, Roma, 1997).

(persino per gravi rapine o sequestri di persona) recuperare assai presto la libertà e "snobbare" le condanne subìte suscita spesso nell'opinione pubblica sfiducia nella serietà della giustizia e della legge, inducendo ad esaltare il diverso comportamento di altri Paesi, duri nella previsione delle pene e coerenti nell'applicare la legge e le sentenze di condanna[44].

Come sempre, *in medio stat virtus*: la soluzione migliore sta nel mezzo, cioè in un saggio equilibrio di umanità tra gli opposti estremi della durezza disumana e della arrendevolezza debole e remissiva. Un "nel mezzo", dunque, che non deve essere inteso in chiave statistica, perché ogni "caso" va valutato in sé e per sé, nelle sue valenze umane, indipendentemente da come siano stati affrontati e risolti gli altri casi.

E proprio in quel saggio equilibrio può esserci, a mio avviso, un fattore efficace di costruzione d'una cultura della legalità.

55. Lo Stato faccia, dunque, la sua parte: e con urgenza

Se la società civile è, da parte sua, impegnata a fondo per ricostruire una cultura della legalità, è indispensabile che lo Stato si impegni con urgenza a fare la sua parte.

Ciò significa anzitutto - come ho già avuto occasione di dire - essere coerente e non mancare di parola, né nelle cose grandi (applicazione delle leggi e delle pene) né nelle cose minori. Tra queste ultime ricordo la fissazione dei termini di scadenza, termini che in Italia vengono sempre fissati con molta leggerezza e di conseguenza vengono poi sistematicamente rinviati: esempio recente ed eloquentissimo è il termine per il rimpatrio dei profughi albanesi fuggiti dall'Albania in occasione della dissoluzione dello Stato albanese; venne fissato il breve

---

[44] Penso, ad esempio, alla legislazione nordamericana, che con il *"Violent crime control and law enforcement act"*, emanato nel 1994, ha introdotto la regola del *"Three strikes and you're out"* ("Tre sbagli e sei fuori"), mutuata dal gioco del baseball, nel quale il battitore che per tre volte non riesce a colpire la palla è eliminato dal gioco. Applicata al campo penale, la regola funziona così: "Se tu commetti per la terza volta un crimine violento costituente reato previsto dalla legge federale, sei messo fuori dalla società, cioè sei condannato all'ergastolo senza prospettiva alcuna di liberazione". Il "fuori" della regola sportiva diventa in tal modo un drammatico "dentro" (in carcere) senza remissione. Sul punto cfr.: M. NUNZIATA, *"Three strikes and you're out". Pro e contro una recente "misura anticrimine" statunitense: l'ergastolo obbligatorio per i plurirecidivi di gravi crimini*, in *"Rivista penale"*, 1997, pagg.791 e segg.

termine di tre mesi, senza considerare che esso sarebbe scaduto alla fine del mese di agosto 1997, cioè in un'epoca in cui l'attività di tutti gli uffici pubblici italiani è rallentata perché buona parte del personale amministrativo si trova in ferie; inevitabile - ma prevedibilissimo - il rinvio di quel termine, con la enorme coda di polemiche che esso comportò e con la perdita di prestigio per il governo italiano.

Ma il discorso su «Lo Stato faccia la sua parte» investe altri importanti settori. Primo fra essi l'instaurazione di un rapporto di fiducia tra organi dello Stato e cittadini. È noto come lo Stato italiano pratichi abitualmente un atteggiamento di sfiducia nei confronti del cittadino, cioè parta dal presupposto che il cittadino non sia onesto, tenda sempre ad ingannare lo Stato e sia quindi inaffidabile nelle sue affermazioni. Non nego che un simile atteggiamento trovi riscontro in una atavica noncollaboratività degli italiani (cfr. *retro*, paragrafo 34). Tuttavia lo Stato ha sempre fatto ben poco per educare gli italiani ad una limpidezza ed onestà di rapporti.

Faccio due esempi. Il primo è quello del rapporto tributario. Il fisco italiano è impostato in modo che il contribuente onesto viene fortemente torchiato, mentre il contribuente disonesto se la cava sempre con minimo danno. Si pensi alla pressione tributaria che grava sui lavoratori dipendenti, mentre i lavoratori autonomi attuano spesso evasioni colossali (l'evasione dell'I.V.A. è un fenomeno di una vastità enorme, che i cittadini ben conoscono ogni volta che hanno a che fare con carrozzieri, elettrauto, medici specialisti, muratori, elettricisti ecc., ma che soltanto il fisco sembra ignorare)[45]. Si pensi alle pesantissime imposte sugli immobili (facilissimi da tassare) e alle frequentissime evasioni dei "furbi" che intestano auto di lusso e yacht a società di comodo, magari straniere, per sfuggire alla giusta tassazione. Si pensi ai condoni fiscali che, così come sono normalmente congegnati (pagamento di una sanzione pecuniaria rapportata al valore dichiarato), premiano chi ha dichiarato falsamente valori irrisori e castigano chi onestamente ha dichiarato valori più vicini alla verità. Si pensi alla

---

[45] Dico "sembra ignorare" perché il fisco, non si adopera in modo efficace per far emergere il sommerso attraverso opportuni accorgimenti (come, ad esempio, la possibilità per il contribuente di dedurre, almeno nei limiti di una percentuale, quanto pagato all'artigiano, così come già avviene per le spese mediche). Qualche piccolo, timido passo in quella direzione è rilevabile tuttavia nella legge finanziaria emanata nel dicembre 1997.

inflessibile severità con cui il fisco punisce con pesanti multe le piccole inadempienze formali o i piccoli errori in cui incorre casualmente il contribuente onesto (ritardo di qualche giorno nella presentazione della dichiarazione dei redditi, dimenticanza di una firma su un certo foglio o di allegazione di una ricevuta e simili), mentre resta inerte di fronte ad elusioni macroscopiche.

Il secondo esempio riguarda i rapporti tra lo Stato e il cittadino obiettore al servizio militare. Lo Stato parte da una posizione di radicale diffidenza nei confronti dell'obiettore: non crede, in partenza, alla sincerità delle sue affermazioni; le sottopone a controlli e fa di tutto per mettere in difficoltà l'obiettore (come abbiamo visto nel Cap.III, ritarda oltre ogni limite il provvedimento sulla domanda di ammissione al servizio civile, spesso emana precettazioni d'autorità assegnando gli obiettori a casaccio, talora dà disposizioni restrittive che ostacolano l'attività degli enti di servizio civile ecc.).

A ciò si aggiunga, in linea generale, che spesso il pubblico funzionario si sente come un piccolo "ras" dotato di potere e sfoggia tale potere trattando il cittadino in modo burbanzoso e autoritario, facendogli pesare la propria autorità e facendogli cadere dall'alto le proprie spiegazioni, quando non addirittura taglieggiandolo con la richiesta, esplicita o implicita, di regalie (cioè, in sostanza, di tangenti).

Queste son cose che incrementano la sfiducia del cittadino nello Stato: è un circolo vizioso difficile da rompere, e nei cui confronti lo Stato dovrebbe sentire la responsabilità di fare il primo passo per l'instaurazione di un clima di reciproca comprensione e fiducia.

56. Avere il coraggio di risolvere i più gravi e stridenti conflitti di interessi

Il sottobosco della "mala amministrazione pubblica" ha, in Italia, un collegamento con alcuni nodi irrisolti che inquinano la vita pubblica. Si tratta di alcune situazioni nelle quali sono ravvisabili dei "conflitti di interessi" la cui presenza offre la possibilità di piegare all'interesse privato la legge, destinata invece, per sua natura, a realizzare l'interesse pubblico.

Un primo elementare conflitto di interessi si verifica quando un parlamentare sia indagato dall'Autorità giudiziaria. Essere indagato non significa, ovviamente, essere colpevole (la presunzione di non colpevolezza fino al passaggio in giudicato di una sentenza di condanna è sancita dalla Costituzione nel secondo comma dell'art.27). Significa, tuttavia, trovarsi obiettivamente nella condizione di chi deve difendersi da una accusa ed è portato a fare il possibile per approdare ad una archiviazione, evitando il processo, o per approdare ad una assoluzione qualora il processo abbia luogo. Tale posizione comporta un interesse personale in ordine alle regole che riguardano l'attività del pubblico ministero indagante e l'attività del giudice chiamato a valutare le risultanze processuali. È chiaro che tutte le norme che siano dirette a limitare l'efficacia delle prove raccolte dal P.M., a comprimere i poteri di tale organo giudiziario, a ridurre i casi di custodia cautelare o ad attenuarne la severità rientrano nel quadro degli interessi dell'indagato, *a prescindere dal fatto che quest'ultimo sia innocente o colpevole.*

Ciò posto, salta subito agli occhi che un parlamentare il quale sia indagato viene a trovarsi in un clamoroso conflitto di interessi (e quindi in una situazione di incompatibilità) qualora partecipi alla emanazione di leggi che riguardano le regole del processo penale. Egli, infatti, avrà tutto l'interesse a confezionare delle regole che siano convenienti alla sua condizione di indagato; e quell'interesse verrà a trovarsi in evidente contrasto con l'interesse pubblico consistente nel perseguire con la massima efficacia, attraverso il processo penale, la violazione delle leggi penali.

Non per nulla nel 1994 si arrivò allo scioglimento anticipato delle Camere: un altissimo numero di parlamentari era indagato dall'Autorità giudiziaria per i reati riguardanti il fenomeno "Tangentopoli", e ciò - oltre all'evidente discredito dell'istituzione parlamentare - comportava un paralizzante conflitto di interessi che imponeva il rinnovo del Parlamento.

Ma il discorso non finisce qui. C'è un altro aspetto che mi pare importante. Parecchi parlamentari sono avvocati che esercitano la professione forense. Essi, come avvocati, si trovano sempre, naturalmente, a difendere indagati e imputati. Il loro interesse professionale è quello di avere leggi che attribuiscano alla difesa risorse sempre maggiori e che riducano al minimo, per indagati e imputati, il rischio di essere processati e condannati. Anche questo interesse può trovarsi in contrasto con l'interesse pubblico a perseguire le violazioni della legge penale.

E quando si pensi che vi sono avvocati che - come è giusto - difendono anche imputati di gravi reati di stampo mafioso, si coglie la gravità dei rischi che provengono da quel conflitto di interessi: problemi delicati come la normativa sui "collaboratori di giustizia" (i cosiddetti pentiti) o come il regime carcerario a cui sono assoggettati i condannati per reati di mafia non possono essere definiti con sufficiente obiettività e sufficiente tutela dell'interesse pubblico da un Parlamento in cui esistano "teste di ponte" inevitabilmente orientate ad operare nell'interesse del mafioso condannato o del presunto mafioso indagato.

Con ciò non voglio dire che il problema dei "collaboratori di giustizia" non sia un problema difficile in cui occorre, da parte dei magistrati procedenti, molta cautela e molto discernimento; dico soltanto che l'avvocato che diventa parlamentare viene a trovarsi in una delicata situazione di incompatibilità e dovrebbe - quanto meno - sospendere l'esercizio della professione per tutta la durata del mandato parlamentare, così come il magistrato che viene eletto parlamentare entra in aspettativa e non esercita la professione giudiziaria per tutto il tempo in cui dura il mandato parlamentare.

Un altro tipo di conflitto di interessi riguarda il rapporto tra l'esercizio di poteri pubblici (in particolare funzioni parlamentari, funzioni di governo) e la titolarità di poteri economici, in particolare "mediatici", cioè riguardanti i mass media (giornali, cinema, televisione) e aventi quindi una fortissima incidenza sull'opinione pubblica. Nel caso in cui i due ordini di poteri si uniscano nella medesima persona c'è il rischio di un inquinamento della normale dinamica democratica e di uno scivolamento verso forme di plebiscitarismo alimentate da una sorta di divismo e di culto della personalità.

In Italia il problema è acutamente sentito perché è sempre mancata una rigorosa disciplina dell'utilizzazione dell'etere. Si è passati dal monopolio dello Stato alla "libertà di antenna": l'inerzia del legislatore e la sua incapacità ad intervenire decisamente hanno portato ad una situazione di totale assenza di legalità, di "antenna selvaggia", situazione di cui hanno approfittato, per allargare la propria sfera di azione, centri di potere economico fortemente ammanigliati con il potere politico di turno. Ne è derivato un caos da cui emergono picchi di privilegio: una situazione fluida e di sostanziale illegalità, che non ha eguali in nessun altro Stato del pianeta.

Risolvere questi conflitti significa dare un contributo positivo alla instaurazione della legalità e alla maturazione di una cultura della legalità.

57. Sconfiggere l'omertà

È stato detto giustamente che l'omertà (a cui ho accennato nel paragrafo 43, parlando della mafia) è una forma degenerata e stravolta di solidarietà: è una solidarietà "rovesciata", che si trasforma in complicità (complicità con il mafioso) e nella quale manca la creatività di un progetto "a favore di". La "solidarietà rovesciata" dell'omertoso sarebbe sempre una "solidarietà contro qualcuno", una "solidarietà contro gli altri"[46].

Questo stravolgimento della reale natura della solidarietà fa proprio parte del pensare mafioso, della cosiddetta cultura mafiosa. Sconfiggere l'omertà significa quindi distruggere la cultura mafiosa, privandola del principale fattore ambientale (l'omertà, appunto) che le consente di prosperare.

Secondo lo storico Nicola Tranfaglia[47], l'itinerario da seguire per raggiungere quel risultato poggia su tre elementi fondamentali:

a) un'istruzione incentrata sulla crescita civile. Come ho già avuto occasione di rilevare, la scuola italiana spesso non è stata all'altezza del compito ed ha relegato all'ultimo posto l'educazione civica e la formazione ai valori umani e civili su cui si fonda la Costituzione italiana;

b) un'economia di tipo meritocratico anziché un'economia basata su un assistenzialismo fine a se stesso: un'economia in cui, accanto all'iniziativa privata, lo Stato garantisca la solidarietà sociale (e quindi si impegni fattivamente a risolvere il problema della disoccupazione, la quale offre manovalanza alla criminalità organizzata);

---

[46] F. CASSANO, *La complicità sconveniente*, intervista a cura di G. Minervini, in *Mosaico di pace*, Molfetta, gennaio 1994, pag.13.

[47] N. TRANFAGLIA, *Il volto paterno della complicità*, intervista di E. Rebuffini, in *Mosaico di pace*, Molfetta, gennaio 1994, pag.17. Più ampiamente può vedersi: N. TRANFAGLIA, *Mafia, politici e affari*, Laterza, Bari, 1992.

c) un orientamento dei mass media volto a diffondere una immagine della mafia che non sia sensazionalistica, romanzesca e, in definitiva, accattivante, bensì rappresenti fedelmente il fenomeno mafioso nella sua realtà disumana e distruttiva.

Molto cammino nella lotta alla mafia è stato fatto in questi ultimi anni. È stato fatto a livello di azioni giudiziarie, che sono diventate più incisive e producenti, sia per il collegamento realizzatosi tra le varie Autorità giudiziarie procedenti (con scambio di dati e informazioni, con confronti di opinioni e di valutazioni, con l'attuazione di opportune sinergie), sia per l'emanazione di norme inerenti ai "collaboratori di giustizia". In altre parole, si è realizzata - per usare un'espressione di Piero Luigi Vigna - una "legalità organizzata", contrapposta alla criminalità organizzata[48] e rivelatasi efficace fino al punto di iniziare la disintegrazione delle cosche mafiose dal di dentro e di raggiungere il risultato, mai conseguito in passato, di numerose condanne all'ergastolo nei confronti di boss mafiosi, finalmente scalzati dalla loro autorità criminale e abbattuti dal loro piedestallo di intoccabili[49].

---

[48] P. L. VIGNA, *Non solo antimafia*, Edizioni Gruppo Abele, Torino, 1997, pag.10.

[49] Anche la recente faida tra minorenni, nella quale, all'inizio di gennaio 1998, sono stati uccisi due ragazzi, di 13 e 17 anni, ed è stato ferito un dodicenne (che si è rifiutato di collaborare con la giustizia per l'individuazione dei responsabili del duplice omicidio e del ferimento), è stata interpretata come un segno della sconfitta delle cosche mafiose di adulti e del subentro di cosche di giovanissimi (cfr. M. MAFAI, *La cultura del silenzio*, in "La Repubblica", 5 gennaio 1998, pagg.1 e 10). A me vien da pensare agli ultimi mesi della Seconda guerra mondiale, quando Hitler, di fronte alle enormi perdite subite, ricorse all'arruolamento di quindicenni e sedicenni nel disperato tentativo di rimpolpare le sue truppe.

Non va, tuttavia, sottaciuto che nel corso del 1997 ha suscitato grande preoccupazione l'ostilità che talune forze politiche hanno dimostrato proprio nei confronti di alcune norme che sono destinate a combattere con efficacia la mafia e che hanno già dato sostanziosi frutti in questi ultimi tempi: si tratta dell'art.513 Codice di procedura penale (relativo alle deposizioni dei collaboratori di giustizia e recentemente modificato in modo da ridurne fortemente l'efficacia), dell'art.41 bis legge penitenziaria (relativo al carcere duro per i mafiosi) e dell'art.192 Codice di procedura penale (relativo alla valutazione delle prove, e della cui modificazione in senso più morbido si è cominciato a discutere). Inoltre non va sottaciuto che talune forze politiche hanno svolto un'azione frenante in ordine al cammino della legge relativa alle videoconferenze, cioè alla possibilità, nei processi per reati di mafia, di interrogare

Ma molto è stato fatto anche a livello di opinione pubblica e di partecipazione popolare. Vanno ricordate, a tal proposito, le grandi manifestazioni contro la violenza mafiosa seguite alle stragi in cui persero la vita, tra gli altri, i magistrati Giovanni Falcone e Paolo Borsellino; la presa di coscienza da parte di molti commercianti siciliani vittime dei racket mafiosi; le reazioni popolari alla uccisione del commerciante Libero Grassi, ucciso dalla mafia per essersi ribellato al sistema dell'estorsione mafiosa; le analoghe, imponenti, composte reazioni alla uccisione di Don Puglisi e di Don Diana, eliminati dalla mafia per la loro opera di socializzazione e di acculturazione svolta tra i ragazzi dei quartieri più disastrati (proprio i ragazzi destinati ad incrementare il personale delle organizzazioni mafiose)...

Va ricordata, inoltre, la fondazione dell'associazione *Libera*, avente tra i suoi scopi statutari quello di "promuovere una cultura della legalità, della solidarietà e dell'ambiente, basata sui principi della Costituzione, nella valorizzazione della memoria storica per le persone che hanno operato contro le mafie" e quello di "promuovere l'elaborazione di strategie di lotta nonviolenta contro il dominio mafioso del territorio e di resistenza alle infiltrazioni di tipo mafioso"[50].

L'importante è che questa vasta azione diventi sempre più intensa e capillare; investa ogni settore della società civile; penetri profondamente nelle scuole e nell'impegno delle altre agenzie educative (famiglie, chiese, gruppi giovanili, movimenti). Ho detto "società civile", perché per lottare efficacemente contro la mafia è indispensabile che l'impegno non riguardi soltanto le istituzioni ma coinvolga tutte le componenti della società: c'è chi ha rilevato, ad esempio, l'importanza che le varie forme di volontariato o il servizio civile degli obiettori di coscienza hanno agli effetti di rafforzare la coscienza civile.

Soprattutto, poi, occorre che quella vasta azione sia costante, avanzi non soltanto sotto la spinta momentanea dell'emotività immediata, diventi progetto a lungo termine. C'è, purtroppo, in questa materia, una allarmante tendenza alla discontinuità: ci si anima e ci si

---

imputati e testi attraverso collegamenti televisivi, onde evitare che i frequenti trasferimenti di imputati mafiosi attraverso l'Italia possano creare rischi di fuga ed occasioni per mandare messaggi cifrati ai compari in libertà. La legge sulle videoconferenze è stata finalmente approvata nel dicembre 1997.

[50] AA.VV., *Dalla parte di LIBERA*, Edizioni Gruppo Abele, Torino, 1995, pag.76.

impegna sotto la spinta emotiva di un grave fatto di sangue; ma la spinta dura poco e ben presto la memoria si illanguidisce; cala la tensione positiva; si è portati a pensare ad altro e a sottovalutare l'importanza dell'impegno. Don Luigi Ciotti, riproponendo una espressione usata da Giancarlo Caselli (uno dei magistrati più validi e oggi più esposti nella lotta dello Stato contro la mafia), afferma che in questa materia vige, purtroppo, la "regola del biennio"[51], cioè la tendenza dello Stato a perseverare - dopo qualche grave fatto di sangue - nella lotta alla mafia per circa due anni, allentando poi l'impegno, come se altre cose più importanti lo distraessero o come se qualche tarlo interno riuscisse ad introdurre elementi di incertezza, di divisione, di contestazione, di inefficienza.

Occorre assolutamente invertire questa tendenza altalenante. E un fattore importante può consistere proprio nel tener desta e vigilante la società civile, in modo che questa sia di stimolo alle istituzioni.

Cito ad esempio un'esperienza alla quale ho avuto occasione di partecipare recentemente. Alcune classi di una scuola media superiore di Chieri (città sita nei pressi di Torino) hanno studiato, sotto la guida di una insegnante di lettere, il fenomeno "mafia" e si sono dedicate in particolare ad approfondire la vicenda del giudice Rosario Livatino, ucciso dalla mafia nel 1990: hanno contattato la famiglia del magistrato ucciso; hanno letto il libro di Nando dalla Chiesa dedicato alla vicenda[52] ; hanno stabilito rapporti col liceo di Canicattì, nel quale Livatino aveva studiato; hanno invitato la professoressa di lettere che era stata insegnante di Livatino; hanno proposto e ottenuto che l'aula magna della loro scuola fosse intitolata al magistrato ucciso. In occasione della cerimonia di dedica dell'aula magna, io, magistrato, venni invitato a parlare dei problemi della giustizia, ed ebbi modo di constatare come il cammino fatto da quegli studenti avesse operato in profondità, maturandoli e rendendoli pienamente consapevoli della negatività distruttiva del fenomeno mafioso e della importanza di costruire una cultura della legalità.

Esperienze di questo tipo rendono ottimisti sulla reale possibilità di cambiare la società in cui viviamo e di renderla più umana e più

---

[51] L. CIOTTI, *Persone, non problemi. L'utopia concreta della strada*, Edizioni Gruppo Abele, Torino, 1994, pag.216.
[52] N. DALLA CHIESA, *Il giudice ragazzino*, Einaudi, Torino, 1992.

vivibile. È un lavoro che richiede inevitabilmente tempi lunghi ma che dà frutti concreti, poiché priva di consensi il costume mafioso facendogli il vuoto intorno. Più sale la consapevolezza della aberrante disumanità di quel costume, più cresce l'isolamento della società mafiosa.

58. Operare per un potenziamento della giustizia. Cultura della legalità e cultura della giurisdizione

Da quanto ho detto nel par.26 risulta che tra le cause della crisi endemica della giustizia italiana, crisi che si trascina da decenni, si colloca in primo piano la enorme sproporzione tra il numero dei magistrati (e del personale ausiliario) e il carico dei processi civili e penali, nonché la irrazionale distribuzione del personale stesso.

Un processo penale condotto secondo le regole, oggi vigenti, del Codice di procedura penale emanato nel 1988 richiede un tempo immenso che blocca inevitabilmente un giudice o un collegio di giudici per giorni e giorni di udienze; e lo stesso Codice di procedura penale si è reso conto di ciò, poiché ha previsto procedimenti speciali (giudizio abbreviato, patteggiamento ecc.) per alleggerire la massa dei processi normali; ma gli imputati stanno rendendosi conto che il processo normale è più conveniente dei procedimenti speciali perché intasa gli uffici giudiziari e gradualmente li paralizza, favorendo la prescrizione dei reati. Infatti se giudici, cancellieri, ufficiali giudiziari ecc. sono in numero inadeguato a far fronte al carico di lavoro, la conseguenza sarà la paralisi della giustizia: la giustizia produrrà sentenze in numero limitato rispetto al numero dei processi penali e tale situazione porterà ad un drammatico "nulla di fatto" per molti processi. E anche questo è un modo con cui la legge manca di parola.

La giustizia civile è, per parte sua, in sofferenza per una analoga ragione: si pensi che a Torino (torno a riferirmi alla mia diretta esperienza) i giudici delle Sezioni civili del Tribunale hanno, ciascuno, un carico che oscilla tra le mille e le duemila cause civili da istruire e da portare a decisione: ciò comporta che l'agenda delle udienze istruttorie di ciascun giudice è già completa per mesi e che una nuova causa si vedrà fissare la prima udienza istruttoria a distanza di molti mesi (e sarà facile che quella distanza diventi di un anno o più); e se poi si considera che il compito del giudice istruttore non è solo quello di istruire la causa, ma è anche quello di studiarla, di riferirne in camera di consiglio, di deciderla, di motivare per iscritto la sentenza con cui la causa è stata decisa, ci si può rendere agevolmente conto che nelle condizioni attuali i tempi di una causa saranno lunghissimi: e non per colpa del singolo giudice, bensì a causa di una situazione oggettiva.

Perché non ci si è mai preoccupati di adeguare gli organici dei giudici e del personale ausiliario al progressivo aumento del carico di lavoro? Me lo sono domandato spesso e non ho mai trovato una risposta convincente. In tanti dibattiti sulla crisi della giustizia ho sentito formulare tante ipotesi, invocare tante riforme, proporre tanti rimedi: ma questo elementare rimedio viene solitamente ignorato, nonostante i ripetuti S.O.S. che dalle periferie giudiziarie giungono agli organi centrali competenti a provvedere in tale materia.

Lentezza dei concorsi, nei quali le commissioni esaminatrici devono correggere migliaia di temi, con la conseguente necessità di tempi lunghi? Sì, certo: ma nel 1947 si ovviò rapidamente alla penuria di magistrati indicendo un concorso per titoli che "scremò" i migliori laureati in Giurisprudenza delle università italiane ed immise rapidamente nella magistratura un nutrito contingente di giovani preparatissimi, che diedero ottima prova (tra quei magistrati ebbi i colleghi migliori: venivano chiamati scherzosamente "i togliattini" perché il concorso per titoli era stato bandito quando Ministro della giustizia era Palmiro Togliatti).

Si obietta: i requisiti del buon magistrato non si esauriscono nella preparazione giuridica. È vero: ma anche il concorso per esami vaglia soltanto la preparazione giuridica; con la differenza che in un esame giocano anche il caso e la fortuna, mentre nel concorso per titoli gioca essenzialmente l'impegno costante di anni di studi (dietro un 110 o un 110 e lode non c'è, normalmente, un "secchione"; c'è un giovane intelligente che ha saputo impegnarsi a fondo nel suo lavoro di studio e che ha affrontato sacrifici non indifferenti).

Ed allora vien da domandarsi se la negligenza degli organi centrali nel gestire, dal punto di vista organizzativo, l'apparato giudiziario non rientri in un disegno concepito da chi abbia interesse ad avere nel nostro Paese una giustizia inefficiente e poco temibile. La "guerra ai giudici" condotta in questi ultimi anni da varie forze politiche parrebbe avallare tale ipotesi.

Occorre aggiungere che un aspetto della crisi della giustizia sta anche nella irrazionale distribuzione del personale. Accanto a Tribunali e a Preture che sono gravati nel modo che ho detto, ci sono piccoli uffici giudiziari il cui carico di lavoro è assai modesto e che potrebbero venire accorpati ad altri uffici con grande vantaggio per l'efficienza e con gran risparmio di risorse economiche. Ma tutte le volte che si prospetta la soppressione di un ufficio giudiziario insorgono campanilismi, interessi locali, questioni di prestigio che bloccano la proposta e la mandano in fumo. Dunque, anche qui - in definitiva - è questione di volontà politica.

Mi si dirà: "Ma tutto questo riguarda la gestione delle istituzioni; non riguarda me cittadino, che non ho poteri decisionali in proposito".

L'obiezione ha una sua radice di verità, ma non è del tutto fondata. Io cittadino ho delle possibilità per influire anche in questo campo, diffondendo idee e sensibilità. Farò conoscere la situazione della giustizia, documentandomi a fondo e sensibilizzando l'opinione pubblica; saprò rispondere con argomenti concreti a chi addossa esclusivamente ai magistrati la responsabilità della crisi della giustizia; mi opporrò alle campagne di opinione basate su localismi e campanilismi in materia di uffici giudiziari; negherò il mio voto elettorale a partiti che, per principio, "fanno guerra" alla magistratura o che propongono riforme legislative (o provvedimenti di depenalizzazione o di amnistia o indulto) che giovano alla delinquenza e che, direttamente o indirettamente, incoraggiano la illegalità screditando la legalità.

Ma soprattutto cercherò di capire e di far capire che il magistrato non è un funzionario qualsiasi, non è semplicemente "un cittadino che ha vinto un concorso" (come da taluno si sostiene con molta superficialità). Cercherò di capire e di far capire che - come è stato recentemente detto da fonte competente ed autorevole - la sua è "una specialissima e difficilissima posizione che non ha riscontro in nessun altro caso di pubblici funzionari" e che "la straordinaria profondità e creatività della funzione giudiziaria odierna" richiede profonde trasformazioni organizzative dell'apparato giudiziario[53].

---

[53] V. ZAGREBELSKY, *Il diritto mite* ecc., cit., pag.206. Tra l'altro, mi pare interessante citare una curiosità che non è priva di significati indicativi: come ricorda Elena Paciotti, venne rilevato che "nel lavoro del magistrato si compendiano ventitré

C'è dunque spazio, anche in questo campo, per una azione del cittadino che operi a favore di una cultura della legalità, diffondendo una più corretta conoscenza dei problemi della giurisdizione e adoperandosi per il miglioramento dell'organizzazione della giustizia. Sotto questo profilo si può davvero dire che una "cultura della giurisdizione" è un aspetto importante della cultura della legalità.

59. Allargare gli orizzonti: la legalità internazionale

Abbiamo detto che "lo Stato non è tutto" (v. *retro* par. 4). Ora completiamo il discorso, aprendo l'orizzonte su una realtà che è ancora poco conosciuta ma che si trova in pieno, rigoglioso sviluppo. Si tratta della trasformazione del diritto internazionale e dell'affermarsi sempre più vigoroso di una legalità internazionale, cioè di una legalità sostanzialmente planetaria.

Fino a ieri il diritto internazionale si era sviluppato a livello di Stati sovrani. Era un ramo del diritto oggettivo[54] che riguardava, appunto, i rapporti tra gli Stati; riconosceva come soggetti di diritto internazionale soltanto gli Stati (cioè, in definitiva, i governi, fossero essi democratici o dittatoriali); aveva come presupposto la sovranità assoluta dei singoli Stati. Il perno del diritto internazionale era dunque lo Stato, inteso come Stato-apparato, come Stato-istituzione e non come popolo, come comunità di persone titolari di diritti.

Si era sentito il bisogno di dar vita ad organizzazioni internazionali a livello planetario (Società delle Nazioni prima, Organizzazione delle Nazioni Unite - ONU - poi) o a livello regionale (Unione europea, Organizzazione degli Stati africani ecc.), ma raramente il principio della sovranità era stato scalfito: ciò che accadeva nel territorio di uno Stato (per esempio, in materia di diritti umani) era un affare interno di quello Stato, nei cui confronti vigeva l'intangibile principio di "non ingerenza"; nessuno aveva il diritto di interferire negli affari interni di uno Stato.

Gli ultimi decenni del Novecento hanno visto un radicale mutamento di tale situazione. Quel mutamento è strettamente connesso

---

diversi mestieri" (E. PACIOTTI, intervento citato in note precedenti - col.139). Un aspetto che sottolinea in modo eloquente la assoluta peculiarità delle funzioni giurisdizionali.

[54] Sul diritto oggettivo cfr. retro par.3.

con l'interdipendenza planetaria che si è andata sviluppando negli ultimi decenni tra i vari Paesi del mondo sul piano tecnologico, economico e politico; ma è connesso anche e soprattutto con la progressiva presa di coscienza della essenziale importanza dei diritti umani. Esso ha fatto perno, infatti, sulla internazionalizzazione di tali diritti, cioè su un graduale processo in base al quale i diritti dell'uomo e dei popoli non sono stati più lasciati in balìa del riconoscimento o meno da parte dei singoli Stati, ma sono diventati oggetto di specifiche norme di diritto internazionale.

Oggi, a cominciare dalla *Dichiarazione universale dei diritti dell'uomo* (1948), esiste un imponente *corpus* di norme internazionali che riguardano i diritti umani: basti pensare al *Patto internazionale sui diritti civili e politici*, al *Patto internazionale sui diritti economici, sociali e culturali*, alle *Convenzioni sulla eliminazione della discriminazione razziale, sui diritti politici delle donne, sui diritti dell'infanzia,* alla *Convenzione contro la tortura*, ecc. E poi, sul piano regionale, alla *Convenzione europea per i diritti dell'uomo e le libertà fondamentali*, alla *Convenzione interamericana per i diritti dell'uomo*, alla *Carta africana sui diritti dell'uomo e dei popoli*.

L'effetto di tale maturazione giuridica è stato questo: ciò che tocca i diritti umani riguarda l'intera umanità, l'intera famiglia umana e nessuno Stato ha il diritto di ritenere come "affare interno" la violazione dei diritti umani. È caduto il tabù della sovranità, fino a ieri intoccabile. La comunità internazionale può chieder conto al singolo Stato della gestione che esso fa dei diritti umani e può esercitare una "ingerenza umanitaria". Per di più ogni singolo individuo, uomo o donna, è legittimato a rivolgersi a un tribunale internazionale (si pensi, ad esempio, alla Corte internazionale di Strasburgo) per lamentare una violazione dei diritti umani da parte dello Stato a cui appartiene. Si è verificato, dunque, un allargamento della soggettività internazionale: quest'ultima non riguarda più soltanto gli Stati; riguarda anche i cittadini che vivono in ogni singolo Stato e che ne costituiscono il popolo.

Questo mutamento della soggettività internazionale è una grande novità di incalcolabile portata perché erige la persona umana a soggetto del diritto internazionale e le attribuisce il potere di rivolgersi ad una autorità giudiziaria internazionale per ottenere tutela.

Ma la novità non finisce qui. La nuova soggettività internazionale non si limita agli individui (uomini e donne); si estende alle formazioni sociali in cui si svolge la personalità dell'individuo (per esempio, le Organizzazioni non governative), nonché ai popoli (come soggetti distinti dagli Stati) e all'intera comunità umana.

Val la pena soffermarsi un attimo sulle Organizzazioni non governative (ONG). Esse sono organizzazioni internazionali (la loro sigla è, appunto, anche OING: Organizzazioni Internazionali Non Governative), e proprio perché non governative, cioè non espressione dei governi dei vari Stati, si distinguono dalle Organizzazioni Internazionali Governative (OIG).

Si tratta di associazioni che sono sorte, senza scopo di lucro, per promuovere i diritti umani, la solidarietà, la collaborazione fra le nazioni, la pace. Sono nate dall'iniziativa privata e si sono sviluppate a livello internazionale, raggiungendo una rilevanza che ha loro meritato l'attribuzione di un ruolo consultivo nei confronti degli organi e delle agenzie dell'ONU. Per chiarire faccio subito qualche esempio di ONG (o OING): Amnesty International, Greenpeace International, Soroptimist International, Pax Christi internazionale, Associazione Internazionale per il Diritto dei bambini, Consiglio internazionale delle Donne, Consiglio internazionale delle Agenzie di Volontariato, Consiglio Mondiale della Pace, Associazione latino-americana per i Diritti umani, Istituto internazionale Jacques Maritain, Confederazione mondiale del Lavoro, ecc.

Le ONG sono oggi numerosissime: sono oltre 20.000. Esprimono la presenza culturale, la passione civile, la vivacità di iniziativa, lo spirito di servizio che animano la società civile dei vari Paesi del pianeta; costituiscono uno stimolo permanente alle istituzioni internazionali. Direi che esse svolgono, rispetto a quelle istituzioni, la stessa funzione creativa che, in ogni singolo Stato, le espressioni della società civile svolgono nei confronti delle istituzioni statuali.

Johann Galtung, autorevole studioso di problemi internazionali, ha definito le ONG come un vero e proprio "continente non territoriale": una definizione che scolpisce, con corposa incisività, il "peso" delle ONG, equiparato a quello di un vero e proprio continente del nostro pianeta.

Tutto ciò fa ben sperare circa la futura evoluzione dell'ONU. Per la verità, abbiamo assistito in questi ultimi anni a molti insuccessi politici dell'ONU e verrebbe spontaneo provare qualche sentimento di incertezza e di sfiducia di fronte al futuro. Inoltre è in corso un serrato confronto tra il vecchio diritto internazionale (fondato sulla intoccabile sovranità degli Stati) e il nuovo diritto internazionale (fondato sulla internazionalità dei diritti umani), e in tale situazione - che è stata definita "schizofrenica" - non è ancora sicuro quale delle due concezioni finirà per avere la supremazia.

Ma gli enormi passi avanti che sono stati fatti finora sia sul piano giuridico sia sul piano della maturazione di un'opinione pubblica internazionale consentono di sperare che si cammini, lentamente ma sicuramente, verso una riforma dell'ONU, verso una sua democratizzazione, verso una sua maggiore efficienza e verso una definitiva affermazione del nuovo diritto internazionale.

Studiosi che conoscono a fondo questa materia (come, ad esempio, in Italia, Antonio Papisca) sono convinti che stiano maturando i tempi di importanti riforme a livello planetario, che si sia ormai alla vigilia della istituzione di una "Corte penale internazionale permanente" e che una "nuova legalità internazionale", centrata sul rispetto dei diritti umani, abbia a sostituire la vecchia legalità internazionale, centrata sul rispetto dei diritti degli Stati sovrani[55].

60. Un mondo più giusto, più umano e più vivibile. Ingenuità? Utopia?

Siamo giunti al termine della nostra ricerca sulla legalità. Le cose che ho detto fin qui potranno essere condivise o no; potranno essere ritenute esaurienti o no. Io non ho avuto la pretesa di dir tutto

---

[55] A. PAPISCA, *Il paradigma dei diritti umani*, in AA.VV., *Educare alla pace. Alla ricerca di una possibile identità*, cit., pag.143 e segg.; ID., *Democrazia internazionale, via di pace. Per un nuovo ordine internazionale democratico*, Franco Angeli, Milano, 1991; A. PAPISCA e M. MASCIA, *Le relazioni internazionali nell'era dell'interdipendenza e dei diritti umani*, Cedam, Padova, 1991. Sugli stessi argomenti: P. DE STEFANI e M. MASCIA, *Percorsi di pace nel villaggio planetario*, Bertani editore, Verona, 1994.

Da ultimo: A. PAPISCA, *Una nuova civiltà giuridica per la salvaguardia dei diritti umani*, in AA.VV., *Non di sola coca* ecc., cit., pagg.75 e segg.

sull'argomento né, tanto meno, di avere in tasca la verità. Mi auguro soltanto che le cose che ho detto risultino comprensibili ad ogni lettore e suggeriscano utili spunti di riflessione e di approfondimento.

I problemi sono enormi e complessi, e la loro soluzione richiede un impegno vasto, generalizzato e coinvolgente: un vero e proprio cambiamento di mentalità rispetto alla concezione dei rapporti sociali oggi più diffusa. Richiede, per dirla con una parola greca molto espressiva, un "metanoèite", cioè un "cambiate mente", "cambiate testa", "cambiate prospettiva", "cambiate modo di ragionare".

Come sarebbe bello, felice, entusiasmante il mondo se ciascuno vivesse rispettando gli altri e le loro esigenze di vita, rispettando la natura e il suo equilibrio ecologico, rispettando le leggi della civile convivenza, contribuendo a far crescere un'umanità fraterna e pacificata. Basterebbe un elementare capovolgimento di prospettiva: elementare ma di incalcolabile portata. Basterebbe capire e vivere la bellezza, la positività, la gioiosa costruttività di alcune idee che ho cercato di mettere a fuoco e che costituiscono un prezioso patrimonio dell'umanità: un patrimonio cresciuto e maturato grazie agli apporti delle più nobili menti che la storia dell'umanità abbia avuto.

Se volessimo ridurre all'essenziale quel patrimonio di idee potremmo dire che la piena realizzazione dell'uomo sta - per usare di nuovo un'espressione di Frankl, scomparso all'inizio di settembre 1997 - nell'"autotrascendersi", cioè nell'aprirsi agli altri, nel donare le proprie energie rendendole utili agli altri, nel costruire una società a misura d'uomo, un mondo a servizio della persona e delle sue fondamentali esigenze di socialità.

Dal "Non fare agli altri ciò che non vorresti fosse fatto a te", enunciato da Buddha nel VI secolo a.C., al "Subire un'ingiustizia è mille volte preferibile al farla", enunciato da Socrate; dall'"Agisci in modo da considerare l'altro sempre come fine e non mai come mezzo", enunciato da Kant, ad "Ama il tuo prossimo come te stesso" annunciato da Cristo, è tutta una serie di alti principi centrati sul rapporto con gli altri. Anche la antica e saggia scienza giuridica romana aveva - per bocca del giureconsulto Ulpiano - individuato il cardine del diritto nei seguenti precetti-base: *Honeste vivere, alterum non laedere, suum cuique tribuere* («Vivere onestamente, non danneggiare l'altro, dare a ciascuno ciò che gli spetta»).

È stato detto recentemente che l'uomo può realizzarsi solo nella misura in cui si dimentica, cioè - per l'appunto - nella misura in cui si autotrascende: un po' come avviene per l'occhio, la cui capacità visiva dipende dal non vedere se stesso; quando l'occhio vede se stesso (ad esempio: la cataratta che lo annebbia), ciò significa che esso è malato e che non realizza pienamente la propria funzione[56].

Il nostro discorso si chiude, dunque, tornando all'inizio, cioè alla "essenziale socialità della persona" (paragrafo 2): c'è una intrinseca logica e un armonioso sviluppo in questo ritorno. Non si tratta di un ritorno secco, arido, infecondo, ripetitivo: si tratta di un ritorno fecondo, arricchito e inverato da innumerevoli riscontri obiettivi, dall'apporto delle scienze umane, dai progressi delle scienze giuridiche, dalle testimonianze offerte dalla storia dell'umanità.

Tuttavia un discorso di questo genere può sembrare molto ingenuo. Vien naturale porsi la domanda: come è possibile compiere un capovolgimento di quel tipo e trasformare la società in cui si vive, quando ci si trova a cozzare contro formidabili potenze di carattere economico, politico, sociale? Come si può pretendere di scalzare l'attuale assetto della società italiana e della società internazionale, quando esistono purtroppo innumerevoli politici che coltivano il proprio "particulare", società multinazionali che hanno colossali interessi nello sfruttare il Terzo mondo e nel tenerlo in condizioni di subalternità rispetto al Nord del pianeta, strutture sociali in cui domina incontrastata la ricerca del profitto e del privilegio, mafie di ogni genere che ricavano guadagni astronomici dalla pratica della violenza, dal traffico di stupefacenti o di armi, dallo sfruttamento della prostituzione, e così via?

Non è forse un compito impossibile? Un sogno irrealizzabile? Una utopia?

Ecco. Io non nego che un compito di quel genere sia impegnativo e difficile. Ritengo, però, che le difficoltà non siano insormontabili; e mi conferma in tale opinione la constatazione delle molte cose positive che, pur in presenza di tante negatività, si sono verificate nella storia di questi ultimi decenni.

Mi limito ad elencarne tre, di natura molto diversa l'una dall'altra, ma tutte e tre straordinariamente significative.

---

[56] V. E. FRANKL, *op. cit.*, pag.17.

1) La esplosione del volontariato che ha caratterizzato il nostro tempo e alla quale ho già avuto occasione di accennare nel par. 44 ("Sviluppare gli anticorpi"): mentre egoismo e profitto erano (e sono) la molla di tanta parte dell'umanità, molti uomini e donne decidevano (e decidono) di dedicare parte del loro tempo (e talvolta l'intera vita), in assoluta gratuità, al servizio di persone in difficoltà o al servizio dei popoli del Terzo mondo. È un fenomeno straordinario, che sbalordisce per la sua vastità e per la sua costanza. Come ho già ricordato, esso coinvolge sia il mondo giovanile che il mondo degli adulti, e solo in parte si fonda su motivazioni religiose; in gran parte dei casi si fonda su motivazioni esclusivamente umane riguardanti un'etica della solidarietà e dello spirito di servizio.

2) Si pensi, poi, a quanto è accaduto nell'Europa orientale verso la fine del 1989. La caduta del muro di Berlino è il simbolo visivo di un enorme rivolgimento che ha mutato il volto del mondo. Sotto la pressione di popoli assetati di libertà e maturati da una lunga sofferenza di oppressione, dittature armatissime e spietate sono crollate come castelli di carta, senza che si facesse ricorso alla violenza[57]: dal Mar Baltico al Mar Nero, dalla Polonia alla Bulgaria, dalla Germania Orientale all'Ungheria, una gigantesca obiezione di coscienza ha percorso l'Europa, dimostrando che un lungo e clandestino lavoro di idee, basato sull'opposizione nonviolenta e portato avanti per anni con tenace impegno e con enormi sacrifici, poteva dare concreti risultati politici e condurre all'avvento di una legalità democratica. Ben presto anche Estonia, Lettonia e Lituania si sottraevano, con analoghi mezzi e con analogo successo, all'oppressivo dominio sovietico, e poco tempo dopo l'Unione Sovietica stessa si dissolveva. È ben vero che l'Occidente ha deluso le attese di quei popoli, mostrando di interpretare quegli eventi solo in chiave materialistica di "mercato" e di espansione capitalistica. Ma il solo fatto che quegli eventi si siano verificati è un dato positivo di altissimo valore, poiché ha dimostrato che poteri fortissimi,

---

[57] Unica eccezione: la Romania, nella quale - come è noto - si verificarono violenze dall'una parte e dall'altra, che non giovarono certamente ad una pacificazione sociale e ad una sicura ripresa democratica.

apparentemente invincibili, possono essere sconfitti dalla forza della ragione, della solidarietà, della nonviolenza.

3) Si pensi, infine, a ciò che avviene nei popoli del Terzo Mondo in termini di coscientizzazione, di riscatto, di pacifica lotta per l'affermazione della propria identità e per la riappropriazione delle risorse del loro territorio. Cito le iniziative inerenti al "commercio equo e solidale" e le innumerevoli iniziative con cui enti vari e organizzazioni non governative si adoperano per dar vita, in collaborazione con le popolazioni autoctone, a realizzazioni destinate alla promozione sociale ed economica delle popolazioni stesse. È stato giustamente affermato che al di là delle "geopolitiche che uccidono con la fame, la guerra, l'inquinamento, la corruzione, c'è la geopolitica di gruppi e comunità che, riappropriatisi della propria identità culturale e diventati quindi soggetti attivi del proprio sviluppo, analizzano e conoscono il proprio territorio per agire su di esso con azioni concertate... È la geopolitica nonviolenta e progettuale dei popoli che si oppone alla geopolitica violenta e distruttiva degli imperi e degli eserciti"[58]. In sostanza, "oltre la geopolitica delle terre sventrate, delle risorse 'scoperte' e strappate e dei mari scandagliati, ... nasce, dovunque nel mondo, una geopolitica all'inverso, una geopolitica dell'utopia e della solidarietà... che, mentre 'lavora la speranza', diventa nuovo progetto politico ed economico"[59].

E in effetti in questi ultimi decenni le culture del Terzo Mondo hanno avuto un immenso sviluppo su tutti i piani: letterario, filosofico, pedagogico, teologico, politico ecc. L'Europa è inondata da romanzi, racconti, poesie di validi scrittori e scrittrici sudamericani e centroamericani[60]; il brasiliano Paulo Freire è diventato un grande nome della pedagogia; la teologia ha fruito dei preziosi apporti di grandi teologi del Terzo Mondo, come l'indiano

---

[58] G. MARTIRANI, *Per una geopolitica della pace e della nonviolenza*, in AA.VV., *Peacekeeping e Peacebuilding. La difesa e la costruzione della pace con mezzi civili*, a cura di A. DRAGO, Edizioni Qualevita, Torre dei Nolfi, 1997, pag.275.

[59] G. MARTIRANI, *op. e loc. cit.*

[60] Per una rapida panoramica su quella letteratura è utile leggere: A. CUEVAS, *Un percorso letterario fra gli autori latinoamericani*, in AA.VV., *Latinoamericana. Guida all'America latina*, Edizioni Sonda, Torino, 1997.

Panikkar o il brasiliano Gutierrez; un rappresentante dell'Africa nera è segretario generale delle Nazioni Unite; il Sudafrica di Nelson Mandela è stato protagonista di una svolta davvero epocale... Tali enormi progressi offrono motivi di grande speranza.

Ecco, dunque, riaffiorare la parola "utopia". Ma non nel senso di "sogno irrealizzabile", di "progetto campato in aria": bensì nel senso di "progetto realistico di un mondo diverso" basato sulla giustizia e sulla ragione.

La parola "utopia" (usata per la prima volta da un grande obiettore di coscienza, Thomas More: cfr. il par.30) deriva dal greco *ou-topos*, che vuol dire «non-luogo», «luogo che non c'è». Ma un luogo che non c'è oggi può esistere domani: può venire ad esistenza se ci si impegna a costruirlo e a realizzarlo. E se esso risponde alle esigenze più profonde dell'uomo, se è pensato con intelligenza, perseguito con tenacia, condiviso da molti, portato avanti con nonviolenza e con determinazione, potrà riuscire a diventare realtà e potrà rivelare aspetti nuovi e positivi dell'uomo, cioè quell'"uomo *absconditus*" (vale a dire: nascosto, inedito), quell'"uomo planetario" di cui parlava, con passione profetica, Ernesto Balducci[61].

Quanti progetti, sembrati inconcepibili all'epoca in cui vennero pensati, sono diventati, a distanza di tempo, realtà solida e operante. Essi non erano progetti "utopistici", cioè frutti irrealizzabili di mera fantasia, evasioni dalla realtà; erano, invece, progetti "utopici", cioè proiettati verso il futuro ma talmente radicati nelle più vere e profonde esigenze dell'uomo da avere la forza cinetica di tradursi nel reale, di orientare e alimentare l'impegno umano, di modificare la storia. Non per nulla un filosofo del nostro tempo, Hans Jonas, ha integrato l'imperativo etico kantiano con un imperativo etico proiettato sull'umanità del futuro, sull'umanità globalmente considerata. Quell'imperativo suona così: "Agisci in modo che le conseguenze della tua azione siano compatibili con la permanenza di una autentica vita umana sulla terra"[62]. Dove quell'"autentica" la dice lunga sulla natura e le dimensioni dell'impegno etico-sociale che attende ogni uomo e ogni donna del nostro tempo.

---

[61] E. BALDUCCI, *L'uomo planetario*, 2° ed., Edizioni Cultura della Pace, Fiesole, 1994, pagg.151 e segg.

[62] H. JONAS, *Il principio responsabilità*, Einaudi, Torino, 1990, pag.16.

Ritengo che sia motivo di grande gioia trovarsi a vivere proprio in questa epoca di travaglio, di passaggio, di svolta, e avere la possibilità di partecipare, attraverso l'impegno di costruzione di una cultura della legalità, ad un momento decisivo del cammino di crescita dell'umanità.

www.ingramcontent.com/pod-product-compliance
Lightning Source LLC
Chambersburg PA
CBHW060516290526
45791CB00001B/412